# POR SU LLAGA

Por Hugo P. Jeter

Versión castellana: por el autor

# Por su llaga

Esto es una producción de SLC

**SLC**
SERVICIO DE
LITERATURA CRISTIANA

Apartado 0818-00792
Ciudad de Panamá, PANAMÁ


ISBN:
Cubierta en Rústica   978-1-63368-006-7   Impreso
                      978-1-63368-007-4   Digital

5.15.2015

# INDICE

Prólogo ........................................................... 7

1. La naturaleza de la sanidad divina .................... 9
2. Dios es sobrenatural ..................................... 17
3. Causas de las enfermedades ............................ 24
4. Sanidad en la expiación ................................. 32
5. Sanidad en el Antiguo Testamento .................... 39
6. La sanidad en el ministerio de Cristo ............... 47
7. Sanidad en la Iglesia primitiva y durante los siglos .. 54
8. La sanidad en el siglo veinte .......................... 61
9. Dones de sanidades y de milagros .................... 68
10. Por qué los cristianos deben gozar de buena salud .... 77
11. Dios quiere sanar ........................................ 87
12. Impedimentos a la sanidad ............................ 95
13. El aguijón de Pablo, el vino de Timoteo y otros asuntos 104
14. Liberación del poder de los demonios ................ 112
15. La sanidad y el evangelismo ........................... 120
16. La sanidad en la Iglesia local ......................... 129
17. Médicos y medicinas .................................... 135
18. Resultados de la sanidad divina ...................... 144
19. El Espíritu Santo en la sanidad divina ............. 154
20. Sanidad por la Palabra de Dios ....................... 160
21. Sanidad por el nombre de Dios ....................... 168
22. Sanidad por la fe ........................................ 176
23. El poder sanador de la alabanza ...................... 185
24. Luchando por la fe ...................................... 193
    Notas ..................................................... 200

# PROLOGO

Cuando tenía unos trece años de edad, sufrí un accidente mientras jugaba, luchando con otro muchacho mayor. Me llevaron a un médico, y él dijo que una costilla había sido aflojada de la espina dorsal y otra costilla estaba algo doblada. El médico me puso unas vendas muy apretadas y me dio instrucciones estrictas de no levantar nada de peso, de no correr, etc. Dentro de pocos días me caí y me lastimé de nuevo. Vivíamos lejos del médico... casi un día entero de viaje. Mi padre, pastor presbiteriano, decidió que Dios podía sanarme. El razonaba que si Dios puede contestar la oración por una cosa, lo puede hacer también por otra... que cualquiera contestación a la oración es sobrenatural. El había comprobado repetidamente que Dios sí contesta la oración. Así que él llamó a un grupo de creyentes y oraron por mí. Instantáneamente quedé completamente sano. Este fue el principio de mi interés en la sanidad divina que ha durado toda la vida.

Unos cincuenta años han pasado desde aquel día y el Señor ha sido mi **médico familiar** todos estos años. Puedo recomendarle sin reservas a todos los cristianos. Mejor médico no se puede encontrar.

Durante los años que han transcurrido, he tenido el privilegio de estar bajo el ministerio de P. C. Nelson, Carlos S. Price, Ramón T. Richey, Smith Wigglesworth y muchos otros evangelistas contemporáneos que han sido usados de Dios en la oración por los enfermos. Algunos de ellos han sido mis amigos íntimos y he aprendido lecciones valiosas de ellos.

Siendo misionero por unos 26 años y criando una familia de cinco hijos (los cuales todos sirven al Señor... cuatro en la obra misionera), hemos tenido muchas ocasiones de probar la fidelidad de Aquel que es "nuestro pronto auxilio en las tribulaciones" (Salmo 46:1). Aparte de mis campos designados en cuatro continentes y algunas islas, he tenido el privilegio de visitar y ministrar en muchos otros países del mundo. Esto me ha dado oportunidad para evaluar el papel de la sanidad divina en una escala mucho más grande que me hubiera sido posible de otra manera.

La oración por los enfermos ha sido parte integral de los cultos de las iglesias que yo he establecido o ayudado a establecer. También he tenido el privilegio de ayudar en algunas campañas evangelísticas muy grandes en los campos misioneros donde he observado muy de cerca la campaña completa. He oído los testimonios de los sanados y he visto iglesias establecidas como resultado de estas campañas. En algunas de estas campañas yo mismo he sido el evangelista o uno de los evangelistas.

Volviendo del campo misionero, comencé a trabajar como profesor en el Southwestern Assemblies of God College, donde varias veces he enseñado cursos sobre la sanidad divina. Esto ha servido para intensificar mis investigaciones sobre esta materia y me ha ayudado a formular algunos conceptos que creemos ser completamente bíblicos, como también prácticos.

De este medio ambiente ha salido **Por Su Llaga**. Dios quiera que la verdad aquí presentada pueda ser usada para glorificar a nuestro Salvador maravilloso y para adelantar su causa por el mundo entero.

**Hugo P. Jeter**

# CAPITULO 1

# LA NATURALEZA DE LA SANIDAD DIVINA

Hace algunos años, se llevó a cabo una encuesta extensa en los Estados Unidos de América para tratar de descubrir qué era lo que la gente deseaba más. Se encontró que, entre la gente mayor, más que cualquier cosa, la gente quería la salud. ¿De qué sirve una acumulación de riquezas si uno está demasiado enfermo para disfrutarla?

A pesar de los progresos tremendos de la ciencia médica de nuestros días, la enfermedad sigue siendo uno de los problemas más grandes de la humanidad. En las estadísticas para el año 1972 en los Estados Unidos, consta que 210,000 personas murieron de enfermedades cerebro-vasculares; 346,000, de cáncer (73,000 de éstas murieron de cáncer del pulmón) y 752,000, de enfermedades del corazón. En contraste con estas cifras, el total de los muertos en combate de los Estados Unidos en Vietnam de 1961 a 1973 fue menos de 50,000. ¿Cuál es el peor enemigo — la enfermedad, o la guerra?

La gente está buscando ansiosamente una solución a este problema. Está tan desesperada que está lista para probar cualquier cosa. Una evidencia de esto es la gran cantidad de nuevos métodos y productos medicinales. También hay un nuevo interés en las sectas y religiones que ofrecen la sanidad a sus seguidores. Mientras tanto, la gente en general ignora al Gran Médico, el Creador, Jesucristo mismo. ¿No es razonable suponer que el que sabe hacer un reloj, sabrá repararlo? Es muy lógico creer que el que hizo nuestros cuerpos físicos sabe repararlos perfectamente.

## LO QUE LA SANIDAD DIVINA NO ES

Para comenzar, vamos a descartar algunas ideas falsas en cuanto a la naturaleza de la sanidad divina.

**No es la ciencia cristiana.** Nosotros no negamos la existencia de la materia, ni pretendemos que todo depende de nuestra manera de pensar. Es verdad que la mente tiene bastante poder, y es muy posible que las enfermedades psicosomáticas pueden ser aliviadas al cambiar nuestra manera de pensar. Así con todo, esta clase de sanidad tiene limitaciones muy definidas.

**No es el espiritismo.** No negamos la existencia de los espíritus, buenos y malos; sin embargo, la Biblia en ninguna parte indica que debemos buscar la ayuda de tales espíritus. El tratar de comunicarse con los muertos está estrictamente prohibido en la Biblia. (Véase Isaías 8:19,20; Deuteronomio 18:9-12; Exodo 22:18.) Debemos poner nuestra confianza en el Dios vivo, y no en algún espíritu que pretende ser el de alguien que ya dejó esta vida.

**No es el hipnotismo ni el magnetismo personal.** Admitimos que no comprendemos algunos resultados del hipnotismo; pero nunca he oído decir que algún hipnotista profesional podría sanar a un cojo, quitar la sordera o dar la vista a un ciego. Según mi entender, los resultados del hipnotismo no son permanentes, sino que duran sólo mientras el individuo está bajo la influencia hipnótica. Cualquier poder que haya en estos métodos no puede clasificarse como poder de sanidad divina, puesto que muchos que practican el hipnotismo, o el poder de la sugestión, no hacen profesión alguna de creer en Dios.

Hay otros métodos que profesan tener poderes curativos, pero no es necesario mencionarlos a todos. Vamos a mirar más bien lo que sí creemos es la sanidad divina genuina. Si comprendemos bien lo que es esta sanidad, no seremos desviados por enseñanzas y pretensiones falsas. Admitimos que hay falsificaciones que engañan a muchos y traen un reproche sobre el verdadero evangelio de sanidad. Sin embargo, tenga presente que el diablo no va a malgastar su tiempo haciendo falsificaciones de algo que no existe. Donde hay una falsificación, debe existir lo genuino. Lo genuino debe también ser algo de valor. ¡Los maleantes no se dedican a falsificar centavos!

## LO QUE ES LA SANIDAD DIVINA

**La sanidad divina es el proceso por lo cual Dios, de una manera sobrenatural, imparte vida, salud y fortaleza a cuerpos y almas afligidos.**

En un sentido, toda sanidad física es de Dios. El mejor médico del mundo no puede sanar a un enfermo si el cuerpo del enfermo no coopera, no responde. No es el médico quien sana. El simplemente ayuda a su cuerpo a combatir la enfermedad. El sistema de defensa y de reparación propia del cuerpo humano es causa continua de asombro a los que penetran sus secretos. Estos sistemas no son la invención de ningún científico, ni tampoco es el hombre quien los hace funcionar. Muchos dicen que nos hizo así la naturaleza. Nosotros decimos que Dios nos hizo así. La naturaleza no es una persona. No tiene mente, personalidad, inteligencia ni emociones. Creemos que las leyes de la naturaleza son simplemente las leyes dadas por el gran Creador del hombre y de la naturaleza — Dios.

Gracias a Dios por todas las sanidades efectuadas por el poder restaurador que Dios ha puesto en nuestros cuerpos físicos. Gracias a Dios por los medios que aceleran el proceso natural de la sanidad. Estamos muy agradecidos por las dos cosas. Sin embargo, deseamos tratar con el aspecto sobrenatural de la sanidad, la intervención directa del poder divino que supera inmensamente el proceso normal.

Notemos primeramente que la sanidad no debe ser considerada como una cosa extraña, o completamente separada de nuestra salvación. El doctor C. I. Scofield en su comentario sobre Romanos 1:16 dice: "Las palabras hebreas y griegas para **salvación** llevan la idea de **liberación, seguridad, preservación, sanidad y salud.**"[1] El dice que la palabra **salvación** es la gran palabra inclusive del evangelio. Sanidad y salud, entonces, están incluidas en este don maravilloso de Dios — la salvación. Muchos hijos de Dios ignoran por completo este aspecto de la salvación y, como resultado, no reciben los beneficios que el Padre dejó asentado en su testamento.

Me gusta la idea de **salud.** La sanidad divina es buena, pero yo creo que la salud divina es mejor. Yo creo que un hijo de Dios puede disfrutar también de salud divina. Esto se basa en el principio de que "es mejor construir una cerca al borde del precipicio que un hospital al pie de él." Un gran porcentaje de nuestras enfermedades son el resultado de conflictos interiores, de nuestras preocupaciones y nuestras emociones. (Esto se tratará más ampliamente en el capítulo tres.) Muchas veces el doctor no puede diagnosticar la verdadera causa de la dificultad. Además, él no tiene medicina para curar al hombre interior aunque pudiera acertar con el problema. En estos casos el médico divino es especialista. El comienza por dentro. Puede sanar el alma y cambiar los mismos apetitos y deseos de la persona afligida. El apóstol Pablo nos dice: "...Si alguno está en Cristo, nueva criatura es; las cosas viejas pasaron; he aquí todas son hechas nuevas" (2 Corintios 5:17). La salud es el resultado natural de una tal transformación interior.

## EL PROPOSITO DE LA SANIDAD DIVINA

Hay muchos que podrán dudar de la importancia de la sanidad divina. Preguntarán: "¿Cuál es el propósito de dar tanto énfasis a esta doctrina?" Puesto que el mismo Señor Jesucristo pasó una gran parte de su tiempo ministrando a las necesidades de los enfermos, vamos a examinar los hechos para ver por qué él lo creía de tanta importancia.

La compasión se destaca en muchas de las sanidades hechas por nuestro Salvador. Leemos en San Mateo 20:29-34 de de dos hombres ciegos que él sanó. Ellos clamaron por misericordia (que es la misma palabra griega que en otras partes es traducida **compasión**). El se detuvo y les preguntó qué era lo que querían. ¿Desearían un milagro de sanidad, o sólo una limosna? Ellos contestaron: "Señor, que sean abiertos nuestros ojos." La Biblia dice: "Entonces Jesús, compadecido, les tocó los ojos, y en seguida recibieron la vista; y le siguieron" (versículo 34).

La palabra **pasión** lleva la idea de **sufrimiento**. Hablamos de la semana de la pasión, o sea la semana del sufrimiento de nuestro Señor. El prefijo **com** quiere decir **con**, de tal manera que **compasión** quiere decir **sufrir con**. Si de veras siente compasión por una persona, se pone en las circunstancias de aquella persona y siente su tristeza y dolor. La compasión es un elemento muy importante si deseamos orar con éxito por los enfermos.

Una vez leí un pequeño verso que dice así:

*Señor, dame ojos para ver,*
*Y no como alguna gente*
*Que pasen el Calvario de algún ser*
*Y vean un monte solamente.*

Cuando a la salida del pueblo de Naín el Señor se encontró con una procesión fúnebre, él sabía que el joven difunto había sido el único sostén de su madre, una viuda. La narración bíblica dice: "Cuando el Señor la vio, se compadeció de ella, y dijo: No llores." Entonces dio la orden: "Joven, a ti te digo, levántate." ¿El resultado? "Entonces se incorporó el que había muerto, y comenzó a hablar. Y lo dio a su madre." (Véase San Lucas 7:11-15.) ¡Qué precioso es saber que nuestro sumo sacerdote se compadece de nuestras debilidades! (Hebreos 4:15).

Cristo Jesús sanaba, entonces, no simplemente para demostrar que era el hijo divino de Dios, sino por cuanto tenía misericordia —compasión— de la gente y quería ayudarla. En realidad, Cristo no hizo ningún milagro para beneficio propio. Sus milagros siempre ayudaban a otros. No existía en él ninguna ambición egoísta, ni deseo de exhibir simplemente sus poderes sobrenaturales para que la gente se admirara de él.

Otro propósito del poder sanador sobrenatural que Cristo demostraba fue para que la gente creyera en él, para poder así recibir el don de Dios, la vida eterna. Nicodemo fue convencido. Cuando él vino de noche para su entrevista con Jesús, él comenzó diciendo: "Rabí, sabemos que has venido de Dios como maestro; porque nadie puede hacer estas señales que tú haces, si no está Dios con él" (San Juan 3:2).

Muchos de los judíos también creyeron en Cristo como resultado de la resurrección de Lázaro. (Véase San Juan 11:45; 12:10-11.)

Las sanidades que Cristo hacía atraían a grandes multitudes de gente para escuchar sus enseñanzas y ver las maravillas que realizaba. San Juan 6:2 dice: "Y le seguía gran multitud, porque veían las señales que él hacía en los enfermos." Ahora, como en aquellos tiempos, la sanidad de enfermedades consideradas incurables atrae la atención, y mucha gente irá al lugar donde estas cosas ocurren. El salmista lo expresó de esta manera: "Tú oyes la oración; a ti vendrá toda carne" (Salmo 65:2).

El resultado más importante de las sanidades efectuadas por Jesucristo era que Dios fue glorificado. El fin principal del hombre es glorificar a Dios. Así que debemos buscar cosas que glorifiquen a nuestro Dios, cosas que demuestren lo maravilloso que es él.

Miremos una escena del ministerio de sanidad de nuestro Señor. Leemos en San Mateo 15:30-31: "Y se le acercó mucha gente que traía consigo a cojos, ciegos, mudos, mancos, y otros muchos enfermos; y los pusieron a los pies de Jesús, y los sanó; de manera que la multitud se maravillaba, viendo a los mudos hablar, a los mancos sanados, a los cojos andar, y a los ciegos ver; y glorificaban al Dios de Israel."

Cuando Cristo puso las manos sobre la mujer que había estado encorvada por 18 años y no podía enderezarse, la Biblia dice: "Ella se enderezó luego, y glorificaba a Dios" (San Lucas 13:13).

Algunos dicen que estas sanidades son del diablo. Si es así, ¡él debe haberse reformado! ¿Desde cuándo habrá comenzado el diablo a hacer cosas que traen gloria a Dios? Cuando Cristo sanó al hombre que había sido ciego desde su nacimiento y se reveló a él como el Mesías, el hombre le creyó y le adoraba. (Véase Juan 9:38.) El hecho es que Cristo no solo hacía estos milagros, sino prometió el mismo poder a los que creen en él. Subrayó la declaración con esta promesa: "Y todo lo que pidieres al Padre en mi nombre, lo haré, para que el Padre sea glorificado en el Hijo" (San Juan 14:13). No se puede negar que la sanidad divina está incluida en esta promesa. Además, la sanidad de los enfermos por medio de nuestras oraciones dará como resultado gloria y honra para el Dios a quien servimos.

Un motivo más por la sanidad en el ministerio de Cristo fue que la persona sanada pudiera servir mejor a su Señor. Cuando Cristo fue a la casa de Pedro y halló a su suegra enferma y con fiebre, "tocó su mano, y la fiebre la dejó; y ella se levantó, y les servía" (San Mateo 8:15). Cuando el Señor había echado la legión de demonios que habían poseído al hombre gadareno, éste quiso acompañar al Señor, pero Cristo tenía otra misión para él. Le dijo: ". . . Vete a tu casa, a los tuyos, y cuéntales cuán grandes cosas el Señor ha hecho contigo, y como ha tenido misericordia de ti" (San Marcos 5:19).

¿Qué clase de testigo hubiera sido si no hubiese sido primeramente libertado por el poder de Dios?

## EL ORIGEN DE LA SANIDAD DIVINA

Uno de los aspectos más importantes de la doctrina de la sanidad divina es la fuente de donde viene. No perdamos de vista nunca que el mismo Señor Jesucristo es la fuente. El dijo: "Yo soy el camino, y la verdad, y la vida" (San Juan 14:6). También dijo, hablando de sus ovejas, su pueblo: "Yo he venido para que tengan vida, y para que la tengan en abundancia" (San Juan 10:10). Después de la sanidad del hombre cojo a la puerta del templo, Pedro, hablando a la multitud, llamó a Cristo el "autor de la vida" (Los Hechos 3:15).

Permaneciendo en él, recibimos vida espiritual. De la misma manera, el Creador es la fuente de la vida física. "Todas las cosas por él fueron hechas, y sin él nada de lo que ha sido hecho fue hecho" (San Juan 1:3). ¡Es asombroso pensar que el Creador, el autor de la vida, está dispuesto a vivir su vida en nosotros y por medio de nosotros! ¡Su presencia, que irradia luz y vida, ciertamente traerá vida, fuerza y salud —vida abundante— a sus hijos que él quiere tanto!

Hay mucha gente que comete el error de buscar la sanidad y no al sanador. ¿Cómo se sentiría usted si cada vez que iba para visitar a la persona que más quería, ella mostraba mucho más interés en lo que traía que en usted? La sanidad debe ocupar un lugar secundario mientras nosotros nos concentremos en llegar a conocer mejor al Sanador.

Por unos 50 años ya he conocido al Señor Jesucristo como mi médico divino, y yo se lo recomiendo a ustedes. El es el mejor de todos los médicos. He aquí algunas de las razones:

1. El es omnisciente. El sabe todas las cosas y por lo tanto no se equivoca nunca en la diagnosis de su dificultad.

2. El es omnipresente. No importa donde usted esté, él está a la mano cuando más lo necesita.

3. El es omnipotente, todopoderoso. ¡No hay nada que él no pueda hacer!

4. El recibe a todos. El no rechaza un cliente nuevo por ya tener demasiados. Si tiene dinero o no, él le invita a poner su confianza en él.

El amor y la compasión de Cristo son iguales hoy que cuando él andaba por Galilea. Su poder no ha disminuido. Todo es posible con él. El que dijo "Yo soy Jehová tu sanador" es "Jesucristo — el mismo ayer, y hoy, y por los siglos" (Hebreos 13:8).

*"Yo soy Jehová, Dios de toda carne; ¿habrá algo que sea difícil para mí?"*
*(Jeremías 32:27).*

# CAPITULO 2

# DIOS ES SOBRENATURAL

La creencia de que Dios es sobrenatural es básica a la doctrina de la sanidad divina. Dios tiene que ser sobrenatural, o no podría ser Dios. Si creemos que él es el Creador del Universo, tenemos que creer que él es sobrenatural.

Puesto que Dios es innegablemente sobrenatural, es de esperarse que él obre según su naturaleza. Es lo normal para él hacer cosas que son imposibles para nosotros.

Hace muchos años en La Habana, oí al conocido misionero y autor, E. Stanley Jones, dar la ilustración siguiente:

—Supongamos que un hombre anda por una senda en un bosque. Al lado de la senda hay un sapo debajo de una piedra. El sapo quiere levantar la piedra. Se esfuerza grandemente, pero es inútil. La piedra es demasiado grande para él. Viene el hombre y, con toda facilidad, levanta la piedra y la echa a un lado. El sapo abre y cierra los ojos y dice: "¡Un milagro!" ¿Milagro para quién? Fue un milagro para el sapo, por cuanto fue algo que él no podía hacer. Pero no fue milagro para el hombre, porque él era de una naturaleza distinta.

## NADA DIFICIL PARA DIOS

Si creemos que Dios es sobrenatural —omnipotente— debemos contar con el hecho que él hará cosas sobrenaturales. Para nosotros el dar la vista a un ciego, hacer caminar a un paralítico, hacer hablar a un mudo son milagros; pero estas cosas son normales y naturales para nuestro Dios. No hay nada que sea difícil para él. La mayoría de los cristianos hoy en día debe hacerse la pregunta que Pablo le hizo al rey Agripa. "¿Se juzga entre vosotros cosa increíble que Dios resucite a los muertos?" (Los Hechos 26:8).

Quizás nos ocurra a nosotros lo que J. B. Phillips sugiere en el título de un libro suyo: **Tu Dios es demasiado pequeño.** Por supuesto, Dios no es demasiado pequeño sino nuestro concepto de él. Nos hace falta ver de nuevo al Dios que nos presenta la Santa Biblia. El profeta Jeremías exclama: "¡Oh Señor Jehová: he aquí que tú hiciste el cielo y la tierra con tu gran poder, y con tu brazo extendido, ni hay nada que sea difícil para ti!" (Jeremías 32:17).

## ACTITUDES HACIA LOS MILAGROS

En los días de la vida terrenal de nuestro Señor Jesucristo, había dos actitudes de parte de los líderes religiosos en cuanto a lo milagroso: (1) **La de los saduceos** (los saduceos eran los **modernistas** y los **liberales** de aquella época). No creían en ángeles, espíritus, la resurrección, ni en ninguna manifestación sobrenatural. (2) **La de los fariseos** (los fariseos eran más como los **fundamentalistas**). Creían en milagros, ángeles, la resurrección, y otras manifestaciones sobrenaturales. Sí, creían en los milagros que se hicieron en los tiempos de Moisés, y los de los profetas de antaño, pero rehusaron aceptar los milagros de Jesucristo. Ellos querían destruir toda evidencia de su poder milagroso. Deseaban matar a Lázaro, a quien Jesús había resucitado, y aun hicieron planes para matar al mismo Jesús.

Es fácil ver el paralelo con nuestros días. Cristo nos advirtió que tuviéramos cuidado de la doctrina de los fariseos y de los saduceos. La doctrina aun existe. Muchos creyentes muy sinceros creen en los milagros que Cristo hizo cuando estaba aquí en la tierra, pero no creen que él sana a los enfermos hoy en día. Desgraciadamente, entre las mismas iglesias que tienen la sanidad divina como una parte integral de su doctrina, hay quienes creen en los milagros de los primeros años de su iglesia, pero no tienen ninguna esperanza de ver un milagro en la actualidad.

## EL PUEBLO DE DIOS Y LO SOBRENATURAL

La historia del pueblo de Dios es una historia de manifestaciones sobrenaturales continuas. Consideremos el nacimiento de Isaac. Humanamente hablando, era imposible que Sara tuviera un hijo a su edad avanzada. Pero, como le dijo el ángel a María cuando le anunció que ella iba a concebir de una manera sobrenatural: "Nada hay imposible para Dios" (San Lucas 1:37). Dios cumplió con su promesa e Isaac nació.

Lo sobrenatural atrae a la gente de todos los niveles de la sociedad. Consideremos el llamamiento de Moisés. Como un príncipe en la casa de Faraón, él había recibido la mejor educación posible. Lucas nos dice: "Y fue enseñado Moisés en toda la sabiduría de los egipcios; y era poderoso en sus palabras y obras" (Los Hechos 7:22). ¿Qué método empleó Dios para atraer la atención de este hombre tan instruido? El simplemente usó un arbusto del desierto, una zarza que se estaba quemando, pero no se consumía.

Dios tuvo que emplear señales sobrenaturales para convencer a Moisés que él debía procurar la liberación de los hijos de Israel de su esclavitud egipcia. Después, hacía falta muchas señales milagrosas para convencer a Faraón que él debía ponerles en libertad. Escuchemos lo que Dios dijo a Moisés: "Mas yo sé que el rey de Egipto no os dejará ir sino por mano fuerte. Pero yo extenderé mi mano, y heriré a Egipto con todas mis maravillas que haré en él, y entonces os dejará ir" (Exodo 3:19-20).

Es fácil comprender por qué el rey de Egipto no quería soltar a sus esclavos. Ellos hacían sus trabajos, cultivaban sus campos, construían sus ciudades, sus caminos y sus monumentos. Hasta tenían un valor monetario. ¡Eran su riqueza!

Para una comparación, supongamos que usted es el dueño de una hacienda grande de ganado. Tiene 10,000 reses de las buenas. Un día un hombre se le aparece y anuncia solemnemente, "Yo soy un profeta de Dios. He venido para decirle que usted debe soltar todo su ganado y dejarlo que se vaya. Usted diría: "¡Este hombre está loco!" Faraón tampoco estaba dispuesto a soltar a sus esclavos simplemente por la palabra de un hombre que había venido del desierto diciéndose un profeta (es decir, uno que habla de parte de Dios). Hacía falta la fuerza, la mano poderosa de Dios manifestada de una manera milagrosa, para que este déspota de corazón duro se diera por vencido y, aun contra su voluntad, dejara ir al pueblo de Dios.

Ahora consideremos el paralelo. Egipto, en el simbolismo bíblico, representa al mundo; Faraón, a Satanás; y la esclavitud, la servidumbre del pecado. Tal como Dios necesita hombres por los cuales pueda llevar a cabo su obra aquí en la tierra, Satanás también siempre está buscando gente que haga su voluntad. Jesucristo dijo que los que cometen pecado son siervos (esclavos) del pecado (San Juan 8:34). Están haciendo el trabajo del diablo. El es un patrón de corazón muy duro y no va a poner en libertad a sus esclavos simplemente por cuanto usted le dice que Dios le envió con este mensaje. Hoy en día hay miles de esclavos del pecado que gimen bajo sus cargas pesadas y anhelan la llegada de algún libertador. Pero hace falta el poder sobrenatural de Dios, lo milagroso, para obligar a Satanás a soltarles y ponerles en libertad.

¡Los israelitas tenían algo que contar! El Señor les dijo que relataran esta experiencia a sus descendientes. "Entonces dirás á tu hijo: Nosotros éramos siervos de Faraón en Egipto, y Jehová nos sacó de Egipto con mano poderosa. Jehová hizo señales y milagros grandes y terribles en Egipto, sobre Faraón y sobre toda su casa, delante de nuestros ojos; y nos sacó de allá, para traernos y darnos la tierra que juró a nuestros padres" (Deuteronomio 6:21-23).

Sin duda alguna, el cruce del mar Rojo en seco fue uno de los milagros más grandes de la historia. ¡No hay nada que sea difícil para el Dios que puede salvar a su pueblo de una manera tan asombrosa!

Si creemos el relato bíblico acerca de los hijos de Israel en el desierto, entonces tenemos que creer en el poder milagroso de Dios. Piense en una ciudad con una población de un millón de habitantes. ¿Cómo le gustaría proveer de alimentación a esa cantidad de gente por una semana, especialmente en un lugar desierto sin fuentes de abastecimiento? Esto es lo que hizo Dios. Hay también el problema de agua para unos dos millones de personas. ¿Quién de nuestros ingenieros modernos podría sacar el agua necesaria de una roca? ¡Dios lo hizo! Generalmente, los creyentes aceptan la narración bíblica de la provisión de Dios para su pueblo en el desierto como completamente verídica, y ¡al mismo tiempo dudamos que Dios pueda suplir las necesidades de su familia de cinco a diez personas!

Había muchas otras manifestaciones de la presencia y el poder sobrenatural del Señor durante esta peregrinación larga en el desierto, pero tenemos que seguir adelante. El cruce del río Jordán cuando éste ya había salido de madre fue un milagro que permitió a los israelitas pisar por primera vez la tierra de promisión. Las aguas fueron retenidas por una fuerza invisible, una fuerza sobrenatural, y cruzaron en seco. ¡Imagínese el efecto que las noticias de este acontecimiento tendría sobre los habitantes del país!

La primera victoria grande en la conquista de la tierra fue la toma de la ciudad de Jericó. Esta victoria fue posible por un milagro notable. Después de llevar a cabo las instrucciones detalladas que Dios les había dado, el pueblo dio un gran grito de triunfo, los muros se cayeron y la ciudad quedó abierta para que entraran los invasores.

Josué, el sucesor de Moisés, llevó a los israelitas de victoria en victoria en la conquista de Canán. Al parecer, Dios le proporcionó ayuda especial para determinar el mejor curso para seguir. Los estrategas militares de nuestros días todavía estudian el libro de Josué. El **día largo** de Josué es un ejemplo de la ayuda sobrenatural que él recibió durante este período de tiempo. ¡El poder de Dios transformó a esclavos en conquistadores!

Después del período de la conquista, se nota en la narración bíblica una declaración triste. Leemos en Jueces 2:7-11: "Y el pueblo había servido a Jehová todo el tiempo de Josué, y todo el tiempo de los ancianos que sobrevivieron a Josué, los cuales habían visto todas las grandes obras de Jehová, que él había hecho por Israel. Pero murió Josué hijo de Nun... y toda aquella generación fue reunida a sus padres. Y se levantó después de ellos otra generación que no conocía a Jehová, ni la obra que él había hecho por Israel. Después los hijos de Israel hicieron lo malo ante los ojos de Jehová, y sirvieron a los baales."

¿Ve Ud. lo que pasó? Mientras tanto las señales sobrenaturales y milagros se manifestaban, la gente seguía al Señor. Cuando el elemento sobrenatural cesó, cuando la gente conocía el poder de Dios sólo como cosa histórica, o como leyenda, volvieron las espaldas a Dios y comenzaron a servir a los ídolos — ¡dioses de su propia fabricación! Pasa igual hoy en día. Mientras la religión es meramente ritual y ceremonias o simplemente suscribir a un código de ética, es fácil cambiar de religión. Después de todo, ¿qué diferencia hay? Pero es difícil dejar una religión donde uno ha visto manifestado el poder sobrenatural de Dios. No se puede negar lo que uno ha visto con sus propios ojos, o experimentado personalmente. ¡Es difícil contradecir los hechos!

Cada generación necesita ver para sí la manifestación del poder milagroso de Dios. Esto sería un remedio eficaz contra una gran parte de la reincidencia, incredulidad y apotasía de nuestros días. Aun los pentecostales de la segunda generación que nunca han visto un milagro están en peligro. ¿Cuánto tiempo hace desde que se ha visto un milagro en su iglesia?

El hermoso canto **Cuán grande es Dios** ha hallado un lugar en el corazón de miles de cristianos. Ciertamente es indescriptible el alcance infinito del poder, la sabiduría, el amor y la gracia de nuestro Dios. Con razón el salmista exclama: "Los cielos cuentan la gloria de Dios, y el firmamento anuncia la obra de sus manos" (Salmo 19:1). El universo demuestra claramente una inteligencia que guía y mantiene todas las cosas en su curso prescrito. La variación más pequeña en la órbita de los planetas haría imposible el enviar un cohete a la luna. Job dice: "El extiende el norte sobre vacío, cuelga la tierra sobre nada" (Job 26:7). La tierra está bien colgada, ¿verdad? ¡Un Dios que puede hacer esto puede hacer cualquier cosa! El profeta Isaías pregunta: "¿Quién midió las aguas con el hueco de su mano y los cielos con su palmo, con tres dedos juntó el polvo de la tierra, y pesó los montes con balanza y con pesas los collados?" (Isaías 40:12). Es imposible para el hombre comprender cabalmente la grandeza de nuestro Dios. Describirla sería todavía más difícil.

Jesucristo fue Dios manifestado en la carne. El hacía las obras de su Padre. El dijo: "...las obras que el Padre me dio para que cumpliese, las mismas obras que yo hago dan testimonio de mí, que el Padre me ha enviado" (San Juan 5:36). Sus obras eran grandes, milagrosas, sobrenaturales; y el Padre estaba contento con su Hijo. El carácter sobrenatural del ministerio de Cristo es muy evidente por todo el Nuevo Testamento. El no solamente sanaba a las multitudes de toda clase de dolencia y enfermedad; también echaba fuera demonios, hizo caminar a los paralíticos y hacía muchos otros milagros. Si se detiene un momento para meditar, se acordará como cambió el agua en vino, alimentó a 5,000 personas, calmó la tempestad en el mar, anduvo sobre el agua, les facilitó la pesca milagrosa a sus discípulos e hizo otros milagros aparte de las sanidades.

Lo importante es recordar lo siguiente: Si creemos que Dios es sobrenatural y que es cosa normal que él haga cosas sobrenaturales, tenemos una base para nuestra creencia en el poder del Señor para sanar a la gente hoy en día, cuerpo y alma.

Ciertamente tenemos que creer en la resurrección de Jesucristo. ¿Puede haber mayor milagro que esto? El dijo que nadie le quitaba la vida, sino que él tenía poder para poner su vida y para volver a tomarla. (Véase San Juan 10:17-18.) Pablo dice que Jesús fue "declarado Hijo de Dios con poder... por la resurrección de entre los muertos" (Romanos 1:4). Si creemos la Biblia, entonces tenemos que creer que Dios es sobrenatural y que su Hijo Jesucristo también es sobrenatural y puede hacer "...mucho más abundantemente de lo que pedimos o entendemos" (Efesios 3:20).

Hay muchos en el mundo hoy en día que están buscando la realidad y están de acuerdo con la prueba que Elías ofreció: "El Dios que respondiere por medio de fuego, ese sea Dios" (1 Reyes 18:24). Nuestro Dios, el Creador de los cielos y de la tierra, era, es y para siempre será capaz de enfrentarse a cualquier desafío. Podemos decir con el salmista. "Tú eres el Dios que hace maravillas" (Salmo 77:14). ¡No hay nada que sea difícil para él!

# CAPITULO 3

# CAUSAS DE LAS ENFERMEDADES

¿De dónde viene la enfermedad? ¿Cómo comenzó? ¿Glorifican a Dios nuestros sufrimientos? Si es así, ¿debemos tratar de mejorarnos?

Durante los días de la guerra Hispanoamericana, más soldados de los Estados Unidos murieron en Cuba de la fiebre amarilla que los que murieron de las balas del enemigo. La dificultad fue que nadie sabía con certeza la causa de la fiebre. Había muchas teorías. Algunos pensaban que era el agua; otros sugirieron que sería la influencia de la luna tropical. Algunos pensaban que sería algún alimento que causaba la fiebre.

Por fin un joven médico franco-cubano, instruido en los Estados Unidos, afirmó que la fiebre fue transmitida por la picadura de cierto tipo de mosquito. La profesión médica no le creía y se burlaron de su teoría. Sin embargo, algunos oficiales del ejército de los Estados Unidos llevaron a cabo más investigaciones y experimentos y comprobaron que Carlos Finlay tenía buena razón. Cuando descubrieron la causa, pudieron exterminar el transmisor de la enfermedad y el país fue librado de este azote tan terrible. Durante los diez años que vivimos en Cuba, no me acuerdo haber oído de un solo caso de la fiebre amarilla.

Este incidente ilustra bien la declaración de nuestro Señor Jesús cuando él dijo: "Conoceréis la verdad, y la verdad os hará libres" (San Juan 8:32). Necesitamos saber la verdad acerca de la enfermedad si queremos ser libres de su poder.

## CONOCIENDO AL ENEMIGO

Es muy importante conocer desde el principio de dónde viene la enfermedad. Si una persona cree que Dios le ha enviado la enfermedad para algún propósito, ella puede creer que no debe orar para ser librada de esta aflicción. (Sin embargo, en la mayoría de los casos no vacilará en tomar medicina.) En Job 42:10, Dios refiere a la enfermedad como **aflicción**. Jesús lo llamó una **ligadura** (San Lucas 13:16). El Espíritu Santo lo llama **opresión** (Los Hechos 10:38).

No podemos creer que Dios sea el autor de la enfermedad y el sufrimiento. Cuando él había terminado toda su obra de creación y la inspeccionó, el resultado fue: "Y vio Dios todo lo que había hecho y he aquí que era bueno en gran manera" (Génesis 1:31). No había enfermedad ni imperfección física en el huerto de Edén hasta que el pecado entró en el escenario. Aun el árbol de la vida no les fue prohibido a Adán y a Eva hasta después de la caída. Hay toda indicación de que el hombre hubiera vivido indefinidamente en su estado físico si no hubiera pecado. No era recomendable permitirle vivir para siempre en un estado pecaminoso. Así que Dios hizo otras provisiones para la humanidad.

Por toda la Biblia se puede notar una asociación estrecha entre el pecado y la enfermedad. El pecado y Satanás son la causa indirecta de toda enfermedad y, algunas veces, también la causa directa. El pecado trajo al mundo la muerte física. Bajo la inspiración del Espíritu Santo, el apóstol Pablo declara que la muerte es enemiga... el postrer enemigo que va a ser puesto bajo los pies de nuestro Salvador, el Vencedor. (Véase 1 Corintios 15:25,26). Si la muerte es enemiga, entonces todo lo que produce la muerte o apresura su llegada es también enemigo del hijo de Dios. Si la enfermedad apresura la muerte o nos incapacita para el servicio del Señor, entonces es nuestra enemiga.

Una de las dificultades más grandes de la guerra de Corea como también de Vietnam fue poder reconocer el enemigo. ¡Uno no puede simplemente mirar a un hombre y decir si nació al norte o al sur de cierto paralelo geográfico! Necesitamos saber si la enfermedad es de Satanás o si es del Señor, para poder dar los pasos necesarios y ser librados.

## LAS OBRAS DEL DIABLO

Comprendemos que hay muchas causas naturales de las enfermedades y vamos a tratar con algunas de ellas más tarde, pero miremos primeramente algunas causas que son de una naturaleza espiritual.

Sabemos que fue Satanás quien primero trajo el pecado al mundo y que la enfermedad y la muerte vinieron como resultado. En el caso de Job, se ha declarado definitivamente que Satanás fue responsable por su aflicción física (Job 2:7). En Deuteronomio 28, leemos de las muchas enfermedades que vendrían sobre los hijos de Israel si dejasen de seguir al Señor. La enfermedad no fue considerada una bendición, sino una maldición. El hecho es que toda la creación espera todavía su liberación de esta maldición... la redención final (Romanos 8:22,23).

Jesús dijo que el enemigo vino para matar y para destruir pero que él vino para darnos vida abundante (Juan 10:10). La paga del pecado es la muerte, pero la dádiva de Dios es vida... vida eterna (Romanos 6:23). Jesús dijo que Satanás había ligado a cierta mujer por 18 años (San Lucas 13:16). El que vino para **proclamar libertad a los cautivos** la libertó de esta atadura. Nos dice la Palabra de Dios que Cristo vino para "deshacer las obras del diablo" (1 Juan 3:8). El **deshizo** las enfermedades de todos los que llegaron a él. "Cómo Dios ungió con el Espíritu Santo y con poder a Jesús de Nazaret, y cómo éste anduvo haciendo bienes y sanando a todos los oprimidos por el diablo, porque Dios estaba con él" (Los Hechos 10:38). Acuérdese que es el diablo quien oprime. Cristo pone en libertad. Si la enfermedad fuera el resultado del pecado, Cristo podía perdonar el pecado y quitar sus efectos. El no estaría destruyendo la obra de Dios, sino la obra del diablo.

Muchas de las sanidades efectuadas por nuestro Señor fueron el resultado de reprender a un espíritu de enfermedad o echar fuera demonios. (Véase San Mateo 12:22; San Marcos 5:1-20; 9:22-29; San Lucas 4:38,39; 13:11.) Si estas enfermedades vinieron del Señor, sin duda él no habría empleado este método.

Satanás, el gran engañador, se pone bien contento si él puede afligir a un hijo de Dios de tal manera que le incapacite y no pueda seguir en su guerra activa contra el pecado; y, entonces, hacerle creer que Dios le ha enviado esta aflicción y él no debe procurar ser librado de ella. No vayamos a dar gusto al enemigo, más bien vamos a resistirle y participar de la victoria que Cristo da.

Es muy importante recordar que si el origen de la enfermedad viene de alguna causa sobrenatural, los medios naturales no podrán efectuar la sanidad deseada. El remedio tiene que ser por medio de un poder espiritual superior.

## CUANDO DIOS PERMITE LA ENFERMEDAD

En la narración bíblica, hallamos que cuando Dios permitió que alguna enfermedad viniera sobre un pueblo o sobre individuos particulares, la razón fue declarada o insinuada. Un estudio de estos incidentes debe ayudarnos a evitar cualquier aflicción similar. Personalmente, prefiero medidas preventivas contra la enfermedad más bien que los remedios para restaurar la salud una vez que uno esté enfermo.

Algunas veces la enfermedad fue enviada como juicio o como castigo. María fue herida de la lepra porque ella murmuró contra su hermano menor Moisés. Sin duda, había algo de celos allí (Números 12:1-13). Cuando el siervo de Eliseo, Giezi, codició el dinero y la ropa ofrecidos por el capitán Naamán, él mintió y engañó para conseguir estas cosas. Su pecado fue descubierto y él fue herido de la lepra (2 Reyes 5:20-27). Cuando los israelitas volvieron las espaldas a Dios y adoraron al becerro de oro que habían hecho, Dios envió una plaga entre ellos (Exodo 32:35). En el capítulo 28 de Deuteronomio, hay una lista larga de enfermedades las cuales Dios dijo vendrían sobre sus hijos si ellos rehusaban obedecerle y caminar en sus sendas. Un gran número de las enfermedades que conocemos hoy en día están incluidas en la lista, pero ninguna de ellas es llamada una bendición.

Algunas veces la enfermedad es permitida para detenernos y hacernos volver de un curso mal escogido. Quizás estamos demasiado ocupados para aprender algunas lecciones de otra manera. En el Salmo 119 el autor dice: "Antes que fuera yo humillado, descarriado andaba; mas ahora guardo tu palabra." Entonces sigue diciendo: "Bueno me es haber sido humillado para que aprenda tus estatutos" (Salmo 119:67,71). El hecho de que tales cosas se encuentren tan pocas veces en la Palabra de Dios puede indicar que éste no es su acostumbrado método de tratar con sus hijos. Es verdad que Dios castiga a sus hijos a veces (Hebreos 12:5-11); sin embargo, la enfermedad no es el único método que él emplea.

Hay muchos incidentes en la Biblia donde parece que el Señor castigó a ciertas personas para ejemplo de las demás. Herodes fue castigado de Dios cuando él aceptó la alabanza de aquellos que decían de su discurso: "Voz de Dios, y no de hombre" (Los Hechos 12:20-23). Ananías y Safira fueron castigados cuando mintieron al Espíritu Santo, pretendiendo que habían dado todo a Dios, pero guardando una parte para sí (Los Hechos 5:1-11). Sin duda nuestras filas cristianas hoy en día serían diezmadas si Dios hiriera a cada uno que hiciera una falsa declaración de haberse entregado completamente a él.

El pecado de la irreverencia muchas veces no se comenta hoy en día, pero no es menos pecaminoso ahora que en los días antiguos. Los hijos de Israel habían sido instruidos a no tocar el Arca del Pacto (Números 4:15). Cuando algunos desobedecieron, fueron heridos (2 Samuel 6:6,7; 1 Samuel 6:19,20). Cuando el rey Jeroboam extendió su mano contra el profeta de Dios, su mano fue paralizada (1 Reyes 13:4). Cuando el rey Uzías actuó con presunción como sacerdote y ofreció incienso sobre el altar, él fue herido de la lepra (2 de Crónicas 26:16-21). En su carta a la iglesia de Corinto, Pablo les censuraba por su irreverencia. Al parecer, había muchos enfermos y otros que habían muerto antes de tiempo porque eran irreverentes en la mesa del Señor y no habían discernido el verdadero significado de su sacrificio (1 Corintios 11:20-22, 27-30). (Debe notarse que la palabra traducida **indignamente** en el versículo 29, puede también ser traducida **irreverentemente**.)

Aunque en el análisis final el pecado es la causa de la enfermedad y de la muerte, no debemos llegar a la conclusión que el pecado es responsable directamente en todo caso. Algunos tienen la tendencia de pensar que el cristiano enfermo debe ser culpable de algún pecado o, de lo contrario, no estaría enfermo. Parece que los discípulos también tenían esta idea. Cuando encontraron a un hombre que había nacido ciego, esto les sugirió una pregunta teológica: ¿Quién pecó, este hombre o sus padres?

¿Cómo podía él pecar antes de nacer? o, ¿por qué debe él sufrir por el pecado de otro? Ellos se interesaban en las implicaciones teológicas. Jesús se interesaba por el hombre. Jesús les respondió: "No es que pecó éste, ni sus padres, sino para que las obras de Dios se manifiesten en él" (San Juan 9:3). No podemos siempre echar la culpa de la enfermedad sobre algún pecado. Hay muchas causas naturales de la enfermedad. Ahora examinaremos algunas de estas causas.

## CAUSAS NATURALES DE LAS ENFERMEDADES

Se nos dice que nuestro cuerpo es el templo del Espíritu Santo (1 Corintios 6:19,20). Ciertamente queremos mantener el templo de Dios limpio y funcionando lo mejor posible. Un cristiano, por lo tanto, debe rechazar cualquier cosa que contaminaría el templo de Dios o impediría su servicio para él de manera alguna. Muchas de nuestras enfermedades son el resultado del mal cuidado de nuestros cuerpos. William R. P. Emerson, doctor en medicina, sugiere en su libro **Salud a su alcance** que el buen alimento y buenas costumbres de comer, el aire fresco, el sol, el ejercicio y el descanso son los elementos esenciales para la salud.[1] Podríamos agregar que la limpieza es también muy importante. Muchas enfermedades se contraen por el descuido de la higiene personal.

Dios no suspende las leyes de la naturaleza para una persona cuando ésta llega a ser cristiana. Si él salta de un precipicio alto, la ley de la gravedad se aplicará a él y le causará sufrir las mismas consecuencias como a cualquier incrédulo. Si nosotros abusamos nuestros cuerpos o dejamos de cuidarles debidamente, sufriremos igual que otras personas. Esto quiere decir que debemos usar el sentido común y cooperar con las leyes de la naturaleza para poder disfrutar de buena salud.

Aun los predicadores no están exentos de las leyes naturales. A veces estos hallan bastante difícil hallar descanso para sus cuerpos. El domingo puede ser un día de reposo para muchos, pero para el predicador es su día más ocupado. Muchas veces ellos no apartan un día especial de la semana para descansar, y por lo tanto violan el principio que Dios ha dado que el hombre necesita un día de siete para descansar.

La intemperancia tiene muchas formas. Alguien ha dicho que ¡los norteamericanos están cavando sus propias sepulturas con sus tenedores! El exceso de peso es un gran problema para la salud de los que viven en una tierra de abundancia. La obesidad (exceso de peso) es un factor muy importante en las enfermedades del corazón. El azote que mata a más gente en los Estados Unidos es enfermedades del corazón. Se ha dicho que la mortandad aumenta a razón de uno por ciento con cada medio kilo de exceso de peso. Casi sin excepción la profesión médica recomienda ejercicio para este problema. Aun el apóstol Pablo lo recomendó en su día (1 Timoteo 4:8). No debemos descuidar este asunto tan importante.

Además de la dieta inadecuada y falta de ejercicio, hay otras cosas que son definitivamente dañinas a la salud. El alcoholismo es uno de los problemas más grande que existe en muchos países del mundo. En su muy interesante libro **Ninguna de estas enfermedades** el doctor S. I. McMillen dice lo siguiente: "En la revista de la Asociación Médica Americana, Milton Golin concluye su artículo **Ladrón de cinco millones de cerebros** con esta declaración: 'La bebida tiene cautivos a cinco millones de hombres y mujeres en los Estados Unidos. Los ha tomado como un maestro toma esclavos y sigue adquiriendo nuevos esclavos a razón de 200,000 por año' ".[2] El porcentaje de gente que se admite a nuestras instituciones mentales a causa del alcoholismo es alarmante. Algunos de los efectos del alcohol que se relacionan directamente con la salud son: endurecimiento del hígado, parálisis de ciertos músculos, neuritis, inflamación de la pared del estómago y cáncer de la boca, la faringe, laringe, el esófago y el hígado. Recientemente el Instituto Nacional sobre el Abuso del Alcohol y el Alcoholismo, ha declarado que cuando uno toma y también fuma mucho el riesgo de ciertas clases de cáncer es 15 veces más grande que entre la gente que ni toma ni fuma.[3]

Desde la publicación del informe del Cirujano General de los Estados Unidos sobre los efectos dañinos de fumar cigarrillos en su relación al cáncer, se ha acumulado una cantidad de evidencia sobre otros efectos dañinos del fumar. Además de la relación bien establecida del fumar al cáncer del pulmón, ahora parece que el fumar es un factor definitivo en muchas otras enfermedades. La lista es larga y está creciendo constantemente.

Todos los que sufren a causa del abuso de su cuerpo ciertamente deben arrepentirse de esta profanación del templo del Espíritu Santo, si esperan recibir la sanidad divina.

## LA ENFERMEDAD COMO RESULTADO DE LA TENSION MENTAL

Además de todas las enfermedades ya mencionadas (y hay muchas más), debemos dirigir nuestra atención por unos momentos a lo que es probablemente la mayor causa de las enfermedades: **la tensión emocional.** El doctor McMillan cita al doctor William Sadler, diciendo: "Nadie puede apreciar tan bien como un médico el porcentaje asombrosamente grande de enfermedades y sufrimientos humanos que se pueden atribuir directamente al afán, el temor, el conflicto, la inmoralidad, la disipación, y la ignorancia — a los malos pensamientos y la vida inmunda. La aceptación sincera de los principios y enseñanzas de Cristo con respecto a la vida de paz y gozo mental, la vida limpia y libre de pensamientos egoístas, quitaría en seguida más de la mitad de las dificultades, enfermedades y tristezas de la raza humana."[4]

Hay varios cálculos en cuanto al porcentaje de gente que sufre de enfermedades que son producidas por la tensión emocional. Algunos médicos calculan que hasta el 80% de sus clientes caerían en esta categoría. Es un hecho bien conocido que las emociones tales como el odio, el rencor, el temor y el afán, son muy dañinas a la salud. Este tipo de enfermedad es de muy difícil tratamiento médico. En la mayoría de los casos, pueden tratar solamente los síntomas. Los médicos pueden aconsejar, pero no pueden cambiar la naturaleza del paciente. ¡Sólo Dios, nuestro gran Médico, puede hacer esto!

No importa la causa de la enfermedad — si es el resultado de accidente, de pecado, abuso de nuestro cuerpo o de tensión emocional — Dios puede libertar a todos los que ponen su confianza en él.

*"El mismo tomó nuestras enfermedades y llevó nuestras dolencias"*
*(San Mateo 8:17).*

## CAPITULO 4

## SANIDAD EN LA EXPIACION

Hace años que existe una controversia sobre si la sanidad física para el creyente fue incluida en la muerte expiatoria de Cristo. Vamos a considerar el asunto de una manera objetiva y tratar de encontrar lo que la Biblia verdaderamente enseña.

Una definición del término teológico **expiación** es como sigue: (a) la obra redentora de Cristo, (b) la reconciliación entre Dios y el hombre efectuada por la vida, pasión y muerte de Cristo.[1]

El pecado y la enfermedad vinieron como resultado de la caída. Sabemos que la muerte substitucionaria de Cristo, la expiación, proveyó un medio por el cual Dios podía perdonar al pecador y todavía ser justo. ¿Qué diremos de la enfermedad? ¿Estaba incluida en la expiación? Nosotros creemos que Dios proveyó un remedio doble por la maldición doble. En Gálatas 3:13 leemos: "Cristo nos redimió de la maldición de la ley hecho por nosotros maldición (porque está escrito: maldito todo el que es colgado de un madero)." La redención, entonces, se logró sobre la cruz. El nos redimió de la maldición de la ley.

La ley pronunció penalidades severas, maldiciones sobre los que rehusaron cumplir con los preceptos divinos. En Deuteronomio 28 hay una lista larga de enfermedades que vendrían sobre aquellos que rehusaran guardar la ley de Dios. En este caso, a lo menos, vemos que la enfermedad es una parte de la maldición. Esto está de acuerdo con la relación bíblica de la caída del hombre y de sus consecuencias. ¿Cómo y dónde se quitó esta maldición? Por la muerte expiatoria de Cristo sobre el madero. Ciertamente la salvación se obtuvo en el Calvario, y ya hemos notado que tanto en el hebreo como en el griego la palabra para **salvación** incluye la idea de **sanidad y salud.** Esto ciertamente parece indicar que la sanidad fue incluida en la expiación. Pero también hay otras indicaciones.

La fiesta de la pascua tenía un significado muy especial para el pueblo judío. Cuando el Señor estaba listo para librar a los hijos de Israel de su esclavitud, les dio instrucciones específicas sobre cómo debían celebrar la pascua. Tenían que tomar un cordero, sin defecto, y matarlo en la época especificada. La sangre tenía que ser aplicada a los postes y al dintel de la puerta de la casa. Cuando el ángel de la muerte llegara a la casa donde la sangre estaba aplicada, pasaría por alto y no destruiría al primogénito en aquella casa (Exodo 12:1-13).

Pablo nos dice que: "Nuestra pascua que es Cristo, ya fue sacrificada por nosotros" (1 Corintios 5:7). Juan el Bautista presentó a Cristo al mundo como el Cordero de Dios que quita el pecado del mundo (Juan 1:29). Así que creemos que Cristo fue el arquetipo del cordero pascual y murió para libertarnos de la esclavitud del pecado.

Pero otra mirada a la pascua nos revela que no fue sólo la sangre del cordero lo que fue utilizado. Tenían que asar la carne y comerla para poder tener fuerza física para el viaje. ¿Qué beneficios físicos puede uno obtener de la expiación de Cristo? En Isaías 53:5 encontramos esta declaración: "Por su llaga fuimos nosotros curados." ¿Puede esto significar sanidad física o se refiere solamente a una sanidad espiritual? En el versículo anterior leemos: "Ciertamente llevó él nuestras enfermedades y sufrió nuestros dolores." Esto indudablemente se refiere a enfermedades físicas. Para mayor confirmación de esto, sin embargo, miremos a San Mateo 8:16,17: "Y cuando llegó la noche, trajeron a él muchos endemoniados, y con la palabra echó fuera los demonios y sanó a todos los enfermos para que se cumpliese lo dicho por el profeta Isaías cuando dijo: El mismo tomó nuestras enfermedades y llevó nuestras dolencias." No cabe duda alguna que San Mateo aplicó esta profecía de la expiación a la sanidad física.

Volviendo a la pascua, vemos que algo notable debe haber sucedido en aquel entonces. Parece ser que cada individuo que necesitaba sanidad física la recibió antes del éxodo de Egipto. Todos **marcharon** saliendo del país. En el Salmo 105:37 nos dice: "No hubo en sus tribus enfermo." Sin duda había de millón y medio a dos millones de ellos, y ¡ni un enfermo! ¿Dónde podría encontrarse tanta gente hoy en día sin un solo enfermo entre ellos?

Un verdadero avivamiento se produjo en los días del rey Ezequías. El fue un rey bueno y exhortó al pueblo a prepararse para buscar al Señor. La gente respondió y se guardó la pascua. Ezequías oró por el pueblo que realmente quería buscar a Dios pero que no había podido cumplir con todos los ritos de la limpieza ceremonial. El Señor contestó su oración, y en 2 Crónicas 30:20 leemos: "Y oyó Jehová a Ezequías y sanó al pueblo." Fue una época de gran gozo y regocijo como la tierra no había visto desde los días de Salomón. ¿No es interesante observar que fueron sanados cuando participaron de la pascua?

Hablando de su muerte expiatoria, Jesús dijo a Nicodemo: "Como Moisés levantó la serpiente en el desierto, así es necesario que el hijo del hombre sea levantado" (San Juan 3:14). Se recordará que los hijos de Israel estaban en el desierto. Dios estaba supliendo todas sus necesidades, pero no estaban satisfechos con su provisión. Empezaron a quejarse de que no había ni pan ni agua, y que estaban cansados ya del maná que el Señor había provisto. Murmuraron y se quejaron contra Moisés y contra Dios. Como resultado, el Señor envió serpientes ardientes entre ellos. Estas serpientes mordieron a la gente y muchos de ellos murieron. Reconocieron su pecado y pidieron perdón. Dios instruyó a Moisés para que hiciera una serpiente de bronce y la pusiera sobre un palo donde todos la podrían ver. Los que miraron la serpiente de bronce fueron sanados. Los que no miraron, perecieron (Números 21:4-9).

Esto siempre se ha considerado como tipo de Cristo y de su obra redentora en la cruz. Como tal, debemos estar conscientes del hecho de que la sanidad física fue una parte del tipo o símbolo y debe ser incluida en el antetipo también. "La vida a cambio de una mirada al crucificado": vida espiritual y vida física también.

Se halla también un tipo de esta expiación en el libro de Levítico, capítulos 14 y 15, donde se nos relata la limpieza de los leprosos y los sacrificios prescritos. La expiación tenía que ser hecha con sangre, y aunque la lepra es un tipo del pecado, la sanidad física fue definitivamente incluida.

Ahora, vamos a mirar más detalladamente ese gran capítulo del Mesías sufriendo... Isaías 53. Hemos observado ya que en el versículo cuatro dice: "Ciertamente llevó él nuestras enfermedades y sufrió nuestros dolores." Es de notarse también que los dos verbos empleados en este pasaje son significantes. En el primer caso el verbo hebreo **nasa** ("él ha llevado" es el mismo verbo que se emplea en el versículo 12 donde leemos: "Habiendo él llevado el pecado de muchos." Cristo llevó nuestros pecados sufriendo en nuestro lugar. Si es así en cuanto a los pecados, debe ser igualmente cierto en cuanto a nuestras enfermedades, porque el mismo verbo se emplea para describir la acción.

El segundo verbo **sufrió** (hebreo... **cabal**) puede tener también el significado de llevar algo como penalidad o castigo. En el versículo 11, leemos: "Y llevará las iniquidades de ellos." Aquí se emplea el verbo hebreo **cabal**. En ambos casos, entonces, los mismos verbos hebreos se emplean para llevar, o alejar de nosotros, tanto nuestros pecados como nuestras enfermedades. ¡Gloria a Dios! ¿Cómo podría ser más claro?

Arribamos a la conclusión lógica de que si Cristo cargó la penalidad por nuestros pecados, luego entonces no tengo yo que cargarla. Si Cristo cargó con mis enfermedades, luego entonces no tengo que cargarlas yo. Su sacrificio fue completo. No faltaba nada.

Estudiemos ahora una declaración que se encuentra en el versículo cinco: "Y por su llaga fuimos nosotros curados." La primera parte del versículo dice que él herido fue por nuestras rebeliones, y molido por nuestros pecados. Ningún cristiano que cree la Biblia negará la aplicación ni la eficacia del sufrimiento de Cristo por nuestros pecados. ¿Por qué dudar entonces ni por un momento de que la sanidad que él compró para nosotros ya no es asequible, o no tiene eficacia? El hombre que busca la salvación podría decirle fácilmente a un obrero cristiano que no cree en la sanidad divina: —Si usted me dice que no somos ya sanados por sus llagas, ¿cómo sé yo que puedo ser limpiado por su sangre?

Lo invito a que piense conmigo, en el terrible castigo que Cristo padeció antes de ir a la cruz. Un látigo de cabo corto, cuyos ramales tenían con frecuencia incrustados objetos cortantes, que laceraban las carnes, era descargado con fuerza, y a veces con furia, sobre la espalda desnuda de la víctima. Los judíos tenían una ley que no les permitía administrar más de 39 azotes. Los romanos no tenían semejante ley. Algunos de los que fueron azotados por los soldados romanos murieron bajo la severidad de los azotes y no llegaron a ir a la cruz. Sin duda estos soldados estarían contentos por la oportunidad para expresar su furia sobre un judío odiado, especialmente uno que afirmaba ser rey.

El doctor T. J. McCrossan señala que en 1 Pedro 2:24, la palabra que describe los azotes que el Señor recibió, es realmente singular: "Por cuya herida fuisteis sanados." Nos dice que el hecho de que se emplea la palabra **herida** en singular quiere decir que toda la espalda de nuestro Señor fue como una gran magulladura.[2] Ciertamente Dios, como Padre misericordioso y amante, no permitiría que su Hijo pasara por un sufrimiento tan terrible si no fuera necesario. ¿Cuál fue el propósito? La expiación de nuestros **pecados** se efectuó sobre la cruz. "Por su llaga fuimos nosotros **curados**." Mediante su muerte expiatoria, nuestro Señor proveyó sanidad para nuestros cuerpos como también sanidad para nuestras almas.

Obsérvese también que el apóstol Pedro, mirando hacia la obra ya terminada en el Calvario, dice: "Por cuya herida **fuisteis** sanados" (1 Pedro 2:24). Cristo no tiene que sufrir otra vez para proveer el perdón de los pecados o la sanidad de los enfermos. La obra ya ha sido terminada. Ahora nos toca a nosotros aceptar la obra terminada de Cristo y apropiarnos por la fe, del perdón o la sanidad que necesitamos.

Escribiendo a la iglesia en Corinto acerca de la observación de la santa cena, o la santa comunión, Pablo enumera primeramente algunas de las debilidades y pecados que se hallaban presentes entre los creyentes. Después, les dice: "El que come y bebe indignamente, sin discernir el cuerpo del Señor, juicio come y bebe para sí, por lo cual hay muchos enfermos y debilitados entre vosotros y muchos duermen" (1 Corintios 11:29,30). Cuando participamos de la santa cena, tomamos tanto el pan como la copa. Sabemos que la copa representa la sangre de nuestro Señor que fue derramada para la remisión de pecados, ¿pero, qué representa el pan? Sabemos, por supuesto, que el pan representa el cuerpo de nuestro Señor. Nos referimos al **cuerpo quebrantado**, ¿pero es posible que no discernamos el significado completo de su cuerpo? ¿Hay beneficios que se pueden derivar de aquel cuerpo, beneficios que nosotros no conseguimos simplemente porque los desconocemos? Si es así, podría acontecernos a nosotros lo mismo que le aconteció a la iglesia en Corinto. Muchos podrían estar enfermos y otros morir antes de su tiempo.

El salmista exhorta: "Bendice alma mía a Jehová, y no olvides ninguno de sus beneficios: El es quien perdona todas tus iniquidades; el que sana todas tus dolencias" (Salmo 103:2, 3). La sanidad física es uno de los beneficios que nuestro glorioso Señor ha provisto para los suyos. Ha sido comprado y pagado. Sin embargo, muchos de sus queridos hijos se han olvidado de este beneficio tan importante.

Se podrían citar muchos casos de los que han sido instantáneamente sanados mientras participaban de la santa cena. La traducción de Isaías 53:5, según el señor Moffatt dice: "Los golpes que cayeron sobre él nos han traído sanidad." No olvidemos este beneficio. La expiación fue completa, no parcial. ¡No dejen de conseguir el beneficio completo provisto por nuestro Señor a un costo tan elevado! Satanás no tiene ningún derecho de poner sobre un hijo de Dios lo que ya ha sido puesto sobre Cristo. Cuando él trata de hacerlo, hay que resistirle con la espada del Espíritu, la Palabra de Dios. La expiación de Cristo hace posible nuestra redención. Somos redimidos de la maldición tanto del pecado como de la enfermedad.

Hay siete nombres de Jehová que se han designado como nombres redentores de nuestro Señor. Estos nombres revelan el carácter y la obra de Cristo. Ciertamente aceptamos **al Señor nuestra justicia, al Señor nuestro pastor,** y cuatro nombres más, aplicándolos a nosotros y reclamando las bendiciones reveladas por su nombre. Sin embargo, a veces dejamos de comprender que entre los nombres redentores está **el Señor nuestro sanador (Jehová-Rapha).** ¿No debemos nosotros reconocer esta característica tan importante de nuestro Señor? El nunca cambia.

Una vez oí a un evangelista contar de un pobre europeo que quería inmigrar a los Estados Unidos. Después de unos años de ahorrar su dinero, él pudo juntar lo suficiente para pagar su pasaje de tercera clase en un barco que iba para la América. El llevó consigo algunos alimentos que no se echarían a perder durante el viaje. Mientras los otros pasajeros comían en el comedor, él iba a un sitio solitario y allí comía sus galletas y queso. Cerca del fin de la travesía, él se cansó tanto de estas raciones y sentía un olor tan agradable procedente del comedor, que, por fin, tuvo suficiente valor para preguntar a uno de los mayordomos del barco cuánto costaría tener una comida caliente. El mayordomo le miró y le dijo:

—Usted tiene su boleto ¿no es verdad?

—Sí —respondió el hombre.

—Bien, todas sus comidas estaban incluidas en el precio de su boleto.

¡Piense en todo lo que este pobre hombre había perdido simplemente porque no sabía el beneficio que le correspondía, que había sido ya comprado y pagado! Ciertamente no debemos pasar por alto ninguno de los beneficios que el Señor ha adquirido para nosotros.

*"No olvides ninguno ae sus beneficios ... él que sana todas tus dolencias"*
*(Salmo 103:2,3).*

🌹

# CAPITULO 5

# SANIDAD EN EL ANTIGUO TESTAMENTO

Se ha dicho que lo pasado debe ser utilizado como guía para el futuro. Pensando en esto, vamos a escudriñar los anales de la historia para ver si Dios ha sanado en el pasado, a quién ha sanado y en qué circunstancias o condiciones. Los próximos capítulos serán dedicados a esta tarea.

## LA SANIDAD DE JOB

La mayoría de los expertos en asuntos bíblicos creen que el libro de Job es probablemente el más antiguo de la Biblia. Si es así, la sanidad de Job sería el primer caso de sanidad divina asentado en la Biblia. Job fue un hombre bueno. Dios mismo lo dijo. En realidad, Dios no temía ponerle ante Satanás mismo como un ejemplo de justicia. Satanás, a quien se le llama **el acusador** (Apocalipsis 12:10), de manera característica comenzó a acusar falsamente a Job, diciendo que servía a Dios solamente por interés personal. Dios, entonces, permitió a Satanás que afligiera a Job. Primero, le quitó de golpe toda su riqueza y aun su familia. Job quedó fiel a su Dios. Entonces se le permitió al diablo herir a Job con una sarna maligna de la planta del pie hasta la coronilla. Es casi imposible imaginar el dolor y sufrimiento que tuvo que soportar. Sin duda sufriría cuando estaba sentado, de pie o acostado sobre todas estas llagas. Aun la esposa de Job le dijo: "¿Aún retienes tu integridad? Maldice a Dios y muérete" (Job 2:9). Job no sabía por qué tenía que pasar esta prueba. Pensaba que era Dios mismo quien lo afligía. Sin embargo, dijo: "Yo sé que mi redentor vive" (Job 19:25). Cuando Satanás había hecho todo lo que podía y había fracasado, Dios tomó el asunto en sus manos. Reprendió a los amigos de Job y les dijo que debían arrepentirse, y Job oraría por ellos. Entonces "quitó Jehová la aflicción de Job cuando hubo orado por sus amigos". Dios le sanó y le restauró su prosperidad anterior, aun dándole el doble de lo que había tenido. (Véase Job 42:10-12.)

Se han escrito muchos libros acerca de Job, pero vamos a observar aquí solamente algunas cosas que parecen importantes en relación con su sanidad. Primero, notemos que fue Satanás quien le afligió. Dios le permitió hacerlo para un propósito, pero Dios no fue el autor de la enfermedad. Segundo, Dios llamó a esta enfermedad tan detestable **aflicción**. No la clasificó como una bendición divina o un favor de parte del Señor. Tercero, Job sabía que en alguna parte había un Redentor. Su clamor fue: "¿Quién me diera el saber dónde hallar a Dios?" (Job 23:3). Hay mucha gente hoy que está sufriendo. Sabe que en alguna parte hay un Redentor, pero no sabe dónde hallarle. Cuarto, Job fue sanado cuando quitó sus ojos de sus propias dificultades y oró por otros.

## SALUD Y SANIDAD DURANTE EL EXODO

Muchos años más tarde, cuando los israelitas realizaron su éxodo de la esclavitud de Egipto, se nos dice: "No hubo en sus tribus enfermo" (Salmo 105:37). Sin duda alguna ésta fue la sanidad en masa más grande de toda la historia. A esta gente recientemente libertada, la pascua representaba redención: liberación tanto del alma como del cuerpo.

La preocupación de Dios por la salud y bienestar de su pueblo quedó demostrada por las leyes sanitarias que le dio a Moisés. La sanidad pública del campamento se describe en Deuteronomio 23:12-13. La separación del leproso fue decretada en Levítico 13. Esta medida fue tomada unos 2500 años antes de que la ciencia médica decidiera que éste era el paso básico hacia la extirpación de la lepra y otras enfermedades contagiosas. La limpieza del cuerpo y el cambio de ropas fue recalcado en Números 19. En general, se puede decir que las leyes sanitarias que Dios dio a su pueblo fueron excelentes y muy adelantadas respecto de cualquier cosa conocida por la profesión médica de aquellos días.

María y Aarón hablaron contra Moisés porque no les gustó la esposa que él había escogido. Sin duda, había también algo de prejuicio racial, o bien puede ser que haya sido simplemente un asunto de dificultades familiares. Parece que había algo de celos porque su hermano menor hubiera llegado a tal prominencia y estaba recibiendo mucha bendición de parte del Señor. Dios oyó sus murmuraciones y les llamó a cuenta por ello. María fue herida de la lepra. El arrepentimiento se produjo de inmediato. Aarón rogó a Moisés que tuviera misericordia. Moisés oró por María y el Señor la sanó, aunque tenía que quedarse fuera del campamento por siete días. No podían viajar hasta que ella fue recibida nuevamente en el campamento. (Véase Números 12.)

Dios no hiere con la lepra hoy en día a la gente cuando se queja contra sus líderes espirituales. Pero él ha demostrado su actitud hacia este pecado. Ellos tuvieron que arrepentirse antes de recibir su sanidad. Moisés, llamado el hombre más manso de la tierra en el versículo 3, estaba dispuesto a perdonar esta afrenta personal cometida por su propio hermano y hermana. Oró fervientemente por la sanidad de María. Note también que el progreso de toda la multitud fue impedido por el pecado de estas dos personas.

Después del cruce triunfante del mar Rojo y la destrucción de sus enemigos, los israelitas se enfrentaron a una de las primeras crisis de su viaje por el desierto. Encontraron agua, pero fue demasiado amarga para tomar. Moisés intercedió por el pueblo y el Señor sanó las aguas. Fue allí donde el Señor hizo un pacto con su pueblo. Les dijo: "Si oyeres atentamente la voz de Jehová tu Dios, e hicieres lo recto delante de sus ojos, y dieres oído a sus mandamientos, y guardares todos sus estatutos, ninguna enfermedad de las que envié a los egipcios enviaré a ti, porque yo soy Jehová tu sanador" (Éxodo 15:26).

Hay varias cosas importantes que se destacan en este versículo. Primero, el Señor aquí se expresa por primera vez como médico o sanador. **El Señor que te sana** es la traducción de **Jehová-Rapha**, uno de los nombres redentores de nuestro

Señor. El título indica claramente algo de la naturaleza, habilidad y disposición de nuestro Señor para sanar a los enfermos. Esto bien se podría traducir: "Yo soy el Señor tu médico." Ciertamente, no se puede encontrar médico mejor que el que nos ha creado. Segundo, debemos notar que esto fue un pacto que Dios hizo con su pueblo. No fue simplemente una ocurrencia del momento, sino una promesa solemne que llegó a ser una obligación sagrada. Dios siempre es fiel a sus promesas. Tercero, la promesa fue condicional. Debían de guardar sus mandamientos, escuchar diligentemente su voz y hacer lo que era recto. Entonces, y solamente entonces, el Señor estaría obligado a cumplir su parte del contrato. Este pacto de sanidad y salud nunca ha sido anulado. Es válido en la actualidad.

El libro de Deuteronomio contiene la repetición de muchas de las cosas más importantes de la ley dadas en los libros primeros de Moisés. No es sorprendente, por lo tanto, encontrar que el pacto de la sanidad fue repetido en el capítulo siete. Comenzando con el versículo 12, se le recuerda a la gente su parte del pacto. Se le dice que si guarda la ley del Señor, él ciertamente respetará el pacto que ha hecho con ella. Entonces se le revela al pueblo algunas de las bendiciones que serían suyas como resultado de su obediencia. Entre estas bendiciones leemos en el versículo 15: "Y quitará Jehová de ti toda enfermedad y todas las malas plagas de Egipto que tú conoces; no las pondrá sobre ti; antes las pondrá sobre todos los que te aborrecieren." Esto fue una reafirmación definitiva del pacto anterior.

La promesa de la sanidad y la salud dependían de la obediencia del pueblo de Dios a los mandamientos y ordenes que él les había dado. Ningún médico puede garantizar resultados si uno no sigue sus direcciones. Los israelitas no siguieron al Señor en todo tiempo como debían de haberlo hecho. En Números 21, leemos la historia de las quejas y murmuraciones de los israelitas contra Moisés y contra Dios. Algunas personas parecen apreciar más la seguridad que la libertad. A Dios le desagradaron sus quejas, y él envió serpientes ardientes entre ellos. Muchos fueron mordidos y murieron. Entonces, los israelitas se arrepintieron, Moisés oró, y Dios proveyó un remedio. Los que aceptaron el remedio que Dios proveyó fueron sanados.

Mirando una vez más el pacto de la sanidad en Exodo 15:26, descubrimos que es muy evidente que no sólo la sanidad, sino también la salud está incluida. Esto se confirma en Exodo 23:25. "Mas a Jehová vuestro Dios serviréis, y él bendecirá tu pan y tus aguas; y yo te quitaré toda enfermedad de en medio de ti." ¡Esto me suena bien! Yo prefiero mucho más la salud que la sanidad. Hace años leí de un país en donde las familias pagaban al médico mientras tanto todos estaban en buena salud. Tan pronto cualquier miembro de la familia se enfermaba, interrumpían los pagos al médico hasta que aquella persona recobraba la salud. A veces me pongo a pensar si quizás nosotros seguimos un sistema equivocado.

El que les dijo a los israelitas que él era su médico, manifestó también que él quitaría toda enfermedad de en medio de ellos. Esta fue una promesa maravillosa. ¿Pudo él hacerlo? Lea otra vez el Salmo 105:37: "Los sacó con plata y oro, y no hubo en sus tribus enfermo." ¡Aleluya! ¡El puede!

## EL MEJOR SEGURO DE VIDA

Casi todo el mundo se interesa en seguros de vida. ¿Conoce usted el plan de Dios de seguro de vida? Siempre me ha parecido un poco extraño que ¡el seguro de vida no le asegura la vida! No puede asegurarle ni un año adicional. Puede solamente pagar o dar alguna ayuda a los deudos cuando usted muera. Dios puede y sí garantiza vida larga sobre ciertas condiciones. En los diez mandamientos, leemos: "Honra a tu padre y a tu madre, para que tus días se alarguen en la tierra que Jehová tu Dios te da." Esta promesa está reafirmada en el Nuevo Testamento. En Efesios 6:1-3, se nos dice: "Hijos, obedeced en el Señor a vuestros padres, que esto es justo. Honra a tu padre y a tu madre, que es el primer mandamiento con promesa, para que te vaya bien y seas de larga vida sobre la tierra." Esta es vida misma, prometida por el autor de la vida. Una promesa de vida similar se halla en el Salmo 34. "¿Quién es el hombre que desea vida; que desea muchos días para ver el bien? Guarda tu lengua del mal y tus labios de hablar engaño. Apártate del mal y haz el bien. Busca la paz y síguela" (Salmo 34:12-14). Este pasaje se repite casi palabra por palabra en 1 Pedro 3:10,11.

## LA SANIDAD DE EZEQUIAS

El rey Ezequías estaba enfermo y a punto de morir. El hecho es que el profeta ya le había dicho que debía de poner en orden su casa porque había llegado su tiempo de morir. El había sido un rey bueno. No sólo había servido a Dios él mismo, sino que había hecho retornar a Dios a mucha de su gente. Cuando se le dijo que iba a morir, comenzó a orar a Dios y a llorar. Le recordó al Señor que le había seguido fielmente. El Señor oyó su oración, y el profeta Isaías fue enviado otra vez para darle un mensaje nuevo. No moriría, sino que le serían agregados 15 años a su vida. Se le dio una señal... la sombra volvería atrás diez grados, algo que nunca había acontecido antes ni después (2 Reyes 20:1-11).

Se puede notar aquí que en este caso el pecado no fue la causa de la enfermedad de Ezequías; él estaba sirviendo fielmente al Señor. También es de notarse que no fueron las oraciones del profeta que trajeron la respuesta, sino las oraciones de Ezequías mismo.

## LA SANIDAD DE NAAMAN

Una sanidad muy notable se nos narra en 2 Reyes, capítulo 5. Naamán fue un alto oficial del ejército de Siria. Fue un amigo íntimo del rey y también un héroe nacional, pero era leproso. Una joven hebrea, esclava que trabajaba para la esposa de Naamán, le dijo que había un profeta en Israel que podía sanar su lepra. Con la aprobación del rey, Naamán hizo el viaje. El estaba muy turbado y salió enojado cuando el profeta no vino para saludarle y hacer alguna clase de ceremonia o ritual religioso sobre él para su sanidad. Sin embargo, demostró la verdadera grandeza de su carácter al estar dispuesto a escuchar el consejo de uno de sus siervos. Siguiendo las instrucciones del profeta, fue al río Jordán. Se lavó siete veces y fue sanado.

De esta historia aprendemos que: (1) Dios mostró misericordia y sanó a uno que no era israelita; (2) La obediencia estricta es condición para recibir la bendición de Dios; (3) Uno debe estar dispuesto a humillarse y (4) Nada es imposible para Dios. Esta sanidad convenció a Naamán que Jehová es el único Dios verdadero, y él hizo votos que nunca adoraría a ningún otro Dios.

## OTROS EJEMPLOS DEL ANTIGUO TESTAMENTO

Eliseo fue utilizado de Dios para restaurar la vida del hijo de una mujer sunamita (2 Reyes 4:8-37). David probablemente recibió más de una sanidad de parte del Señor. En el Salmo 30, versículos dos y tres, él dice: "Jehová, Dios mío, a ti clamé, y me sanaste. Oh Jehová, hiciste subir mi alma del Seol; me diste vida, para que no descendiese a la sepultura." El también nos exhorta a no olvidar ninguno de los beneficios del Señor y enumera la sanidad como uno de estos beneficios (Salmo 103:1-5). Hay varias otras sanidades mencionadas en el Antiguo Testamento, pero las que hemos citado son prueba suficiente de que Dios sanaba a su pueblo en aquellos tiempos de antaño.

En contraste con aquellos que buscaron a Dios en sus aflicciones y fueron sanados, tenemos el caso del rey Ocozías de Israel. El sufrió una caída y envió mensajeros a Ecrón para consultar a su dios Baal-zebub si él iba a sanarse o no. Un ángel del Señor dijo a Elías que debía de ir al encuentro de los mensajeros y enviarlos nuevamente a su amo. Debían decirle que él ciertamente moriría porque no había buscado al Dios verdadero, sino que había enviado para consultar a un dios pagano, **el dios de las moscas.** El murió según la Palabra del Señor (2 Reyes 1:2-17).

Asa fue un buen rey durante la mayor parte de su reinado de 41 años. Hacia el fin de su reinado, depositó su confianza en el rey de Siria para su ayuda y el Señor envió al profeta Hanani para reprenderle por esta falta de confianza en Dios. Asa se enojó y mandó a poner al profeta en la cárcel. Después de esto tuvo una enfermedad muy mala de los pies. La Palabra de Dios nos dice: "Asa enfermó gravemente de los pies, y en su enfermedad no buscó a Jehová, sino a los médicos" (2 Crónicas 16:12). El, sin duda, sabía que si esperaba cualquier respuesta de Dios, tendría que arrepentirse y pedir perdón. No quiso hacer esto, por lo que tuvo que sufrir la consecuencia: la muerte. El buscar la sanidad divina requiere que el enfermo escudriñe su corazón, y esto da como resultado un verdadero beneficio espiritual.

Hay muy poca mención de médicos en la Biblia. Es posible que en los días de Asa eran más bien magos o brujos que otra cosa.

En la dedicación del templo de Salomón, Dios prometió que él sanaría su tierra (2 Crónicas 7:14). Esto, sin duda, incluía la gente como también la tierra misma. Sobre la evidencia de los casos aquí presentados, no puede caber duda que Dios sanaba en los tiempos del Antiguo Testamento. El nos dice: "Yo Jehová no cambio" (Malaquías 3:6).

Dios se ha revelado como **el gran Médico**. Ha hecho un pacto para sanar a su pueblo. Nos ha dado pruebas suficientes de su poder milagroso. El nos invita: "Invócame en el día de la angustia; te libraré, y tú me honrarás" (Salmo 50:15). Se nos exhorta a no olvidar ninguno de sus beneficios. Entonces, oremos con el profeta Jeremías: "Sáname, oh Jehová, y seré sano; sálvame, y seré salvo: porque tú eres mi alabanza" (Jeremías 17:14).

*"Recorría Jesús... enseñando... y predicando... y sanando"*
*(San Mateo 9:35)*

🌹

## CAPITULO 6

# LA SANIDAD EN EL MINISTERIO DE CRISTO

El ministerio terrenal de nuestro Señor Jesucristo consistía en tres partes. Todo esto queda muy evidenciado en el texto que hemos citado y también en San Mateo 4:23, que dice: "Y recorrió Jesús toda Galilea, **enseñando** en las sinagogas de ellos, y **predicando** el evangelio del reino, y **sanando** toda enfermedad y toda dolencia en el pueblo." Muchos de los seguidores del Señor hoy en día ponen énfasis en **la enseñanza y la predicación,** pero creen que **el ministerio de sanar** es solamente para aquellos que hayan recibido poderes especiales de parte del Señor. Otros creen que esto se debe dejar complemente en las manos de la profesión médica.

Cuando Cristo estaba en la tierra, nadie trataba de negar su poder para sanar, pero algunos líderes religiosos dudaban seriamente de su autoridad para perdonar los pecados. Hoy en día, los líderes religiosos en general no discuten la autoridad del Señor para perdonar los pecados, pero muchos de ellos parecen dudar de su poder para sanar a los enfermos. Para ser justos, debemos decir que el Señor presentó en su ministerio prueba innegable de la sanidad de los enfermos y muchos de nuestros líderes de hoy no han visto semejante evidencia. Desgraciadamente, hay muchos que están buscando pruebas para probar que Cristo no sana hoy en día. Están buscando pruebas para respaldar sus teorías en vez de buscar la verdad.

La sanidad física jugó un papel muy importante en el ministerio de nuestro Señor. Sería difícil calcular qué porcentaje de su tiempo pasó él ministrando a las necesidades de los enfermos. El apóstol Juan nos dice: "Y le seguía gran multitud, porque veían las señales que hacía en los enfermos" (San Juan 6:2). Había tanta gente que buscaba al Señor por su ministerio de sanidad que a veces "eran muchos los que iban y venían, de manera que ni aun tenían tiempo para comer" (San Marcos 6:31).

El primer mensaje de nuestro Señor que hallamos escrito en el Nuevo Testamento dice que él vino para "sanar a los quebrantados de corazón; a pregonar libertad a los cautivos; y vista a los ciegos" (San Lucas 4:18). También él dijo que el Espíritu le había ungido para este propósito. Esto fue reafirmado por Pedro cuando estaba predicando en la casa de Cornelio. "Cómo Dios ungió con el Espíritu Santo y con poder a Jesús de Nazaret, y cómo éste anduvo haciendo bienes y sanando a todos los oprimidos por el diablo, porque Dios estaba con él" (Los Hechos 10:38). La sanidad de los enfermos fue una parte definitiva del ministerio de Cristo y él sanaba por el poder del Espíritu Santo.

## ¿QUE CLASE DE SANIDADES HACIA EL SEÑOR?

Vivimos en una edad de especialización. ¿Sanaría el Señor solamente ciertas clases de enfermedades? Una lista parcial de las sanidades del Señor abarca las siguientes:

| | |
|---|---|
| **Ceguera** | San Mateo 12:22; 15:30, 21:14; San Marcos 10:46-52; San Lucas 7:21. |
| **Sordera** | San Mateo 11:5; San Marcos 9:25-27. |
| **Posesión de Demonios** | (Nota: Cuando las escrituras se refieren a **diablos,** debe ser interpretado **demonios.** Hay un diablo... muchos demonios.) San Mateo 4:24; 8:16; 8:28-34; 9:32,33; 12:22; 15:22-28; 17:18; San Marcos 1:32-34, 39; 5:1-20; 7:26-30; 16:9; San Lucas 4:41; 8:2,26-36; 9:42; 11:14; 13:32. |
| **Hidropesía** | San Lucas 14:2-4. |

| | |
|---|---|
| Mudez | San Mateo 12:22; 15:30; San Marcos 9:17-27. |
| Oído Restaurado | San Lucas 22:51. |
| Fiebre | San Mateo 8:14-15. |
| Hemorragia | San Marcos 5:25,29; San Lucas 8:43-48. |
| Encorvadura | San Lucas 13:11-13. |
| Imposibilitado | San Juan 5:5-9. |
| Cojera | San Mateo 15:30; 21:14. |
| Lepra | San Mateo 8:2,3; San Lucas 5:12,13; 17:12-14. |
| Lunático | San Mateo 4:24. |
| Cojo | San Mateo 15:30,31. |
| Parálisis | San Mateo 4:24; 8:5-13; 9:2-7; San Marcos 2:3-12; San Lucas 5:18-25. |
| Espiritu de Enfermedad | San Lucas 13:11-13. |
| Enfermedad Terminal | San Lucas 7:2-10. |
| Espíritus Inmundos | San Marcos 1:23-26; 5:2-15; 7:25-30; San Lucas 4:33-36; 6:18; 8:26-35; 9:42. |
| Brazo Seco | San Mateo 12:10-13. |

Además de los casos de sanidad individual mencionados, está escrito que el Señor sanó a:

| | |
|---|---|
| Muchos | San Marcos 1:34; 3:10; San Lucas 7:21. |
| Diversas Enfermedades | San Mateo 4:24; San Marcos 1:34; San Lucas 4:40. |
| Multitudes | San Mateo 12:15; 19:2; San Lucas 5:15; 6:17-19. |
| Todos los que estaban enfermos | San Mateo 8:16; 12:15; 14:14; San Lucas 4:40; 6:19; 9:11. |

En un caso, debido a la incredulidad de la gente, se nos dice que él "sanó **a unos pocos enfermos,** poniendo sobre ellos las manos" (San Marcos 6:5).

El que dijo: "Yo soy la resurrección y la vida" (Juan 11:25), comprobó que ésta no fue una pactancia ociosa cuando él restauro la vida a algunos que estaban ya muertos. Hay tres casos en el Nuevo Testamento donde se nos relata que el Señor levantó a los muertos: (1) La hija de Jairo, San Marcos 5:22-43; (2) El hijo de la viuda de Naín, San Lucas 7:11-15; (3) Lázaro, San Juan 11:1-44.

Los evangelios no relatan todas las sanidades que hizo nuestro Señor. El apóstol Juan dice: "Hizo además Jesús muchas otras señales en presencia de sus discípulos, las cuales no están escritas en este libro" (San Juan 20:30). También dice: "Hay también muchas otras cosas que hizo Jesús, las cuales si se escribieran una por una, pienso que ni aun en el mundo cabrían los libros que se habrían de escribir" (San Juan 21:25). Esto nos demuestra que tenemos solamente una narración parcial de las grandes sanidades, señales y maravillas que nuestro Señor hacía durante los tres años y medio de su corto ministerio terrenal. Sin embargo, suficientes casos son citados para mostrar que: (1) El Señor se preocupaba por la sanidad física, (2) él dedicó una gran parte de su tiempo a este ministerio y (3) cada clase de enfermedad fue sujeta a su poder sanador.

Muchos admiten que Cristo sana a algunos, pero están en duda en cuanto a quién sanará. En los casos ya citados, podemos ver que el Señor sanó a judíos y a gentiles, fariseos y publicanos, santos y pecadores. El sanaba a todos los que venían a él buscando la sanidad. Verdad que no todos le siguieron después, pero tenían un testimonio del poder de Dios que nunca podrían olvidar y que les confrontará en el día del juicio.

## ¿POR QUE SANO CRISTO?

1) **Para mostrar compasión.** Muchos textos bíblicos indican la compasión infinita de nuestro Señor. Es una parte de su naturaleza. Muchos son movidos o motivados a hacer cosas a causa de los celos, la envidia, el odio o el temor. Jesús no fue movido por ninguna emoción semejante, pero muchas veces en las Escrituras se nos dice que él fue movido a compasión. Los pasajes siguientes son casos donde se indica claramente que

el Señor fue movido a compasión y sanaba a los enfermos: San Mateo 14:14; 20:34; San Marcos 1:40-41; 5:19, 9:22; San Lucas 7:13.

2) **Para cumplir la profecía.** Cuando el gentío llegó a la casa de Pedro después de la sanidad de su suegra, el Señor sanó a todos. Mateo nos dice que él hizo esto "para que se cumpliese lo dicho por el profeta Isaías cuando dijo: El mismo tomó nuestras enfermedades y llevó nuestras dolencias" (San Mateo 8:17).

3) **Para probar que Dios le había enviado.** Pedro dijo a la gente en el día de Pentecostés que Jesús de Nazaret había sido aprobado de Dios entre ellos por milagros, maravillas y señales que el Señor hizo por medio de él (Los Hechos 2:22). Juan el Bautista fue un siervo de Dios sobresaliente, y él dio testimonio al hecho de que Jesús era de veras el Hijo de Dios (San Juan 1:24). Pero Jesús dijo que había un testigo aun mayor. Escuche sus palabras: "Mas yo tengo mayor testimonio que el de Juan, porque las obras que el Padre me dio para que cumpliese, las mismas obras que yo hago dan testimonio de mí que el Padre me ha enviado" (San Juan 5:36). También él dijo: "...las obras que yo hago en nombre de mi Padre, ellas dan testimonio de mí" (San Juan 10:25). Hasta él pareció indicar que no sería ningún pecado dudar de él si no daba pruebas sobrenaturales de su origen divino. "Si yo no hubiese hecho entre ellos obras que ningún otro ha hecho, no tendrían pecado" (San Juan 15:24). (Acuérdese que por todo el evangelio de San Juan él utiliza la palabra **obras** refiriéndose a las sanidades divinas y otras manifestaciones sobrenaturales.)

4) **Para que los sanados pudiesen servir.** Tan pronto como la suegra de Pedro fue sanada, se levanto y ministró a sus necesidades (San Mateo 8:14,15). Cuando el endemoniado de Gadara fue sanado, él fue enviado para testificar a sus paisanos (San Marcos 5:18-20).

5) **Para impartir vida más abundante.** El declaro claramente: "Yo he venido para que tengan vida y para que la tengan en abundancia" (San Juan 10:10). El es la fuente de la vida (San Juan 1:4; 14:6). El vino para darnos vida eterna (San Juan 3:16). Recibimos esta vida permaneciendo en él (San Juan 15:4; 1 Juan 5:11,12).

6) **Para deshacer las obras del diablo.** Satanás, el diablo, tiene la culpa de haber traído a este mundo tanto el pecado como

la enfermedad. Cristo vino para deshacer las obras del diablo (1 Juan 3:8). ¡El no vino para hacer solamente la mitad del trabajo! Los que creen en él pueden ya disfrutar los frutos de su victoria y, al final, Cristo pondrá fin a todo pecado, enfermedad y muerte (Apocalipsis 21:4,27; 1 Corintios 15:26).

7) **Para manifestar las obras de Dios.** Cuando los discípulos le preguntaban a Cristo quién pecó para que cierto hombre naciera ciego, Cristo dijo: "No es que pecó éste ni sus padres, sino para que las obras de Dios se manifiesten en él" (San Juan 9:3). Los resultados de muchas de las sanidades realizadas por Cristo fueron que la gente se maravillaba y glorificaba a Dios. (Véase San Mateo 9:8; 15:31; San Marcos 2:12; San Lucas 5:26; 7:16; 13:13; 17:15.)

### ¿COMO SANABA CRISTO?

Un estudio concienzudo de las Sagradas Escrituras nos hace creer que Cristo no sanaba por su propio poder como divino Hijo de Dios, sino por el poder del Espíritu Santo (San Lucas 4:14,18; San Juan 5:19; Los Hechos 10:38). Esto bien podía ser por cuanto él no quería usar un poder que no estaría al alcance de sus seguidores. Damos a continuación algunas de las maneras en que Cristo sanaba.

1) El puso las manos sobre los enfermos y los sanaba (San Mateo 8:3; San Marcos 5:23; 6:5; 8:23; San Lucas 4:40; 13:13).

2) El sanaba por su Palabra (San Mateo 8:8,16; San Lucas 4:32,36; 7:7).

3) A veces el Señor reprendía la enfermedad o el espíritu que la causaba (San Mateo 17:18; San Marcos 1:25; 9:25; San Lucas 4:35,39; 9:42).

4) La gente fue sanada tocándole a él o a su ropa con fe (San Mateo 9:21; 14:36; San Marcos 3:10; 5:28; 6:56; 8:22; 10:13; San Lucas 6:19).

5) En algunas ocasiones el Señor dijo a los que buscaban la sanidad que su propia fe les había sanado. (Véase San Mateo 9:2,22,29; 15:28; San Marcos 2:5; 5:34; 10:52; San Lucas 5:20; 7:50; 8:48; 18:42.)

6) El puso lodo y saliva sobre los ojos de un ciego (San Juan 9:6-15). Esto parece haber sido una prueba sencilla de la obediencia. El lodo no tenía virtud ninguna ni tampoco la

saliva. Si fuera de otra manera, se emplearían estas cosas hoy en día.

Algunos encuentran difícil comprender cómo la incredulidad en Nazaret pudo impedir el poder del Señor para sanar. Parecen tener la idea de que la incredulidad es más poderosa que la fe. Así que cuando hay mucha incredulidad, no podemos esperar ninguna manifestación del poder sobrenatural de Dios. La fe es la fuerza más potente en el mundo. Cristo mismo dijo: "Si puedes creer, al que cree, todo le es posible" (San Marcos 9:23). La duda no puede vencer a la fe. Es como la luz y las tinieblas. ¡Uno no puede traer suficiente tinieblas en un cuarto para extinguir la luz! ¿Cómo, entonces impidió la incredulidad al Señor en Nazaret? Puesto que la gente no creía, no le daban oportunidad de obrar. El sanaba a todos los que venían a él, pero él no iba por todas partes sanando a la gente ya quisieran ser sanos o no. La incredulidad impidió la entrada de los hijos de Israel a la tierra de promisión (Hebreos 3:19). La incredulidad impide a muchos hijos de Dios hoy en día recibir la salud física que el Señor quiere que ellos disfruten. No tienen salud porque no creen las promesas ni buscan al Sanador Jesucristo.

El ministerio terrenal de nuestro Señor demuestra ampliamente su preocupación por los enfermos y afligidos. El se "compadeció de nuestras debilidades". ¡Qué consuelo es saber que este Cristo Todopoderoso, lleno de compasión, es el mismo ayer, hoy y para siempre!

*"El que en mí cree, las obras que yo hago, él las hará también"*
*(San Juan 14:12).*

## CAPITULO 7

# SANIDAD EN LA IGLESIA PRIMITIVA Y DURANTE LOS SIGLOS

Una cosa maravillosa acerca del ministerio de sanidad de nuestro Señor es que no se limitaba a los que él podía atender personalmente. El dio poder a sus discípulos para hacer en su nombre la misma clase de sanidades sobrenaturales. Primero, él dio poder a los doce discípulos. En San Mateo 10:1 dice: "Entonces, llamando a sus doce discípulos, les dio autoridad sobre los espíritus inmundos para que los echasen fuera y para sanar toda enfermedad y toda dolencia." En el versículo 8 del mismo capítulo, les instruyó: "Sanad enfermos, limpiad leprosos, resucitad muertos, echad fuera demonios: de gracia recibisteis, dad de gracia." En la narración que nos da San Lucas de la comisión de los discípulos, él dice: "Habiendo reunido a sus doce discípulos, les dio poder y autoridad sobre todos los demonios, y para sanar enfermedades. Y los envió a predicar el reino de Dios y a sanar a los enfermos" (San Lucas 9:1,2). Evidentemente, el Señor quería que continuara el ministerio de sanidad. Los doce tenían éxito en su trabajo que les había sido asignado. San Lucas 9:6 dice: "Y saliendo pasaban por todas las aldeas anunciando el evangelio y sanando por todas partes."

Hay muchos que están prontos para admitir que los doce tenían este privilegio. Después de la misión de los doce, el Señor escogió a setenta de sus seguidores y les envió en una misión similar. El les dijo: "En cualquier ciudad donde entréis, y os reciban... sanad a los enfermos que en ella haya, y decidles: Se ha acercado a vosotros el reino de Dios" (San Lucas 10:8,9). ¿Cuál fue el resultado? "Volvieron los setenta con gozo, diciendo: Señor, aun los demonios se nos sujetan en tu nombre" (versículo 17). El Señor, entonces, les dio esta promesa tan preciosa: "He aquí os doy potestad de hollar serpientes y escorpiones, y sobre toda fuerza del enemigo, y nada os dañará" (San Lucas 10:19). El ministerio de sanidad entonces no fue limitado a los doce.

## LA GRAN COMISION

Aun más tarde, cuando el Señor estaba para volver al cielo, él dio a sus seguidores su orden final, la gran comisión. El les mandó: "Id por todo el mundo y predicad el evangelio a toda criatura. El que creyere y fuere bautizado, será salvo; mas el que no creyere, será condenado. Y estas señales seguirán a los que creen: En mi nombre echarán fuera demonios; hablarán nuevas lenguas; tomarán en las manos serpientes, y si bebieren cosa mortífera, no les hará daño; sobre los enfermos pondrán sus manos, y sanarán" (San Marcos 16:15-18).

Nótese que primeramente se dio la comisión a los doce, después a los setenta; pero ahora la promesa es que estas señales sobrenaturales seguirán **a los que creen**. Esto está completamente de acuerdo con la promesa del Señor: "De cierto, de cierto os digo: El que en mí cree, las obras que yo hago, él las hará también; y aun mayores hará, porque yo voy a Padre" (San Juan 14:12). La última cláusula, "por cuanto yo voy al Padre", se refiere claramente al hecho de que él enviaría el Espíritu Santo que les daría capacidad para hacer tales hazañas. En el versículo 16; él les dice que el Consolador, el Espíritu Santo estaría con ellos para siempre.

Otra indicación de que Cristo quería que la misma clase de ministerio que él había empezado continuara, se halla en San Juan 20:21. Aquí el Cristo resucitado dice a sus seguidores: "Como me envió el Padre, así yo también os envío." Si la gran comisión es todavía la responsabilidad del cristiano, entonces el poder sobrenatural para llevar a cabo la comisión debe ser el privilegio del cristiano también. (Véase Los Hechos 1:8.) Acuérdese que el ministerio de Cristo tenía tres aspectos — **enseñar**, **predicar** y **sanar**. Si nosotros somos enviados de la misma manera que él fue enviado, nuestro ministerio debe seguir el ejemplo que él nos dio.

## SANIDADES EN LA IGLESIA PRIMITIVA

La narración bíblica nos demuestra que las señales sí siguieron el ministerio de los primeros creyentes. San Marcos 10:20 nos dice que después de recibir sus órdenes del Señor resucitado, "ellos saliendo, predicaron en todas partes, ayudándoles el Señor, y confirmando la palabra con las señales que la seguían. Amén."

La sanidad del cojo en la puerta del templo, llamada la Hermosa, fue el primer milagro de sanidad que leemos en la Biblia después del día de Pentecostés, cuando los creyentes fueron llenados del Espíritu Santo. Este fue un caso extraordinario. El hombre era cojo de nacimiento, de más de cuarenta años de edad. Cuando Pedro le dijo, "lo que tengo te doy: en el nombre de Jesucristo de Nazaret levántate y anda," el hombre fue sanado instantáneamente (Los Hechos 3:1-11). Había por lo menos dos mil personas que creyeron en Cristo como resultado de este milagro (Los Hechos 4:4). Pedro y Juan fueron echados en la cárcel y recibieron órdenes de no hablar más en el nombre de Cristo. Pero ellos y los otros discípulos oraron al Señor que enviara más sanidades y maravillas (Los Hechos 4:29,30). Entonces, fueron llenados de nuevo con el Espíritu Santo y hablaron la Palabra con valor.

Poco después de este acontecimiento, nos dice: "Por la mano de los apóstoles se hacían muchas señales y prodigios en el pueblo" (Los Hechos 5:12). Parece ser que Pedro fue utilizado del Señor de una manera especial en este ministerio de sanidad. En Los Hechos 5:15,16 leemos: "...que sacaban los enfermos a las calles y los ponían en camas y lechos para que al pasar Pedro, a lo menos su sombra cayese sobre alguno de ellos. Y aun de las ciudades vecinas, muchos venían a Jerusalén, trayendo enfermos y atormentados de espíritus inmundos; y todos eran sanados." Pedro fue usado de Dios para sanar al paralítico Eneas, (Los Hechos 9:33-35), y para restaurar la vida a Dorcas, la señora que ha inspirado a tantas mujeres cristianas a las buenas obras (Los Hechos 9:36-42).

Esteban, el primer mártir, fue un hombre "lleno de fe y del Espíritu Santo" (Los Hechos 6:5). Esto es una gran combinación que se ve con muy poca frecuencia. El aceptó humildemente el trabajo de "servir a las mesas", es decir, ayudar en la distribución de alimento a las viudas. Sin embargo, no se limitó a este ministerio. En Los Hechos 6:8 leemos: "Y Esteban, lleno de gracia y de poder, hacía grandes prodigios y señales entre el pueblo." No fue uno de los doce ni de los setenta, pero fue **un creyente,** y Dios honró su fe.

Felipe fue otro diácono quien se volvió evangelista. Fue a Samaria para una campaña. ¿Cuál fue el factor principal que contribuyó a su éxito entre esta gente que estaba tan prejuiciada en contra de los judíos? "Y la gente unánime escuchaba atentamente a las cosas que decía Felipe, oyendo y viendo las señales que él hacía. Porque de muchos que tenían espíritus inmundos, salían éstos dando grandes voces; y muchos paralíticos y cojos eran sanados; así que había gozo en aquella ciudad" (Los Hechos 8:6-8).

Pablo, el apóstol a los gentiles, no fue de los doce discípulos originales, pero él tenía un ministerio de sanidad sobresaliente. Primero, él mismo fue sanado de ceguera tres días después de su conversión en el camino a Damasco (Los Hechos 9:18). También fue sanado de la picadura de una serpiente venenosa cuando sufrió un naufragio en su camino a Roma (Los Hechos 28:1-6). En su primer viaje misionero, halló fuerte oposición de parte de un mago llamado Elimas. Este hombre no solamente rehusó el evangelio, sino que hacía todo lo que podía para que un oficial del gobierno prominente no creyera. Pablo fue usado de Dios para herirle con una ceguera temporal, y el oficial creyó en Cristo (Los Hechos 13:6-12).

En Listra, Pablo y Bernabé encontraron a un hombre cojo de nacimiento. Vieron que él tenía fe para ser sanado y le ordenaron que se levantara. El hombre fue sanado instantáneamente (Los Hechos 14:8-11). Aunque la gente estaba lista para hacer sacrificio a Pablo y a Bernabé como dioses, un poco más tarde se volvió en contra de ellos. Pablo fue apedreado hasta que lo dejaron por muerto y fue arrastrado afuera de la ciudad. Sin embargo, Dios le levantó y él siguiuó predicando el evangelio y animando a los creyentes (Los Hechos 14:19-22).

Tenemos también la narración de la sanidad de una muchacha con un espíritu de adivinación. Pablo echó fuera el demonio y la muchacha fue sanada (Los Hechos 16:16-18). Hay también otro caso de sanidad, el de Eutico, que fue levantado muerto después de una caída y Dios le restauró la vida (Los Hechos 20:9,10). Pablo quedó más tiempo en Efeso que en cualquier lugar donde predicó. Estuvo allí unos tres años (Los

Hechos 20:31), y el evangelio se extendió por toda la región entera. El ministerio de la sanidad física parece haber sido muy prominente en esta ciudad. En Los Hechos 19:11,12 vemos: "Y hacía Dios milagros extraordinarios por mano de Pablo, de tal manera que aun se llevaba a los enfermos los paños o delantales de su cuerpo, y las enfermedades se iban de ellos, y los espíritus malos salían."

En el último capítulo del libro de Los Hechos, tenemos la narración de Pablo y su compañía en la isla de Malta. El padre del hombre principal de la isla, Publio, estaba enfermo de un caso muy severo de disentería. Pablo puso las manos sobre él y oró, y él fue sanado. Después de esto, muchos de los moradores de la isla trajeron a sus enfermos a Pablo y fueron sanados (Los Hechos 28:7-10).

## EL MINISTERIO DE LA SANIDAD CONTINUA

Muchos han comentado el hecho de que el libro de Los Hechos no tiene una conclusión fija. Simplemente termina; pero tenemos la sensación de que no debe terminar, que debe continuar. Yo creo que esto es significativo. Los Hechos del Espíritu Santo (que algunos han sugerido sería un título apropiado para este libro) no debían haber terminado con la edad apostólica. El Espíritu Santo, el que da el poder para hacer estas cosas, fue enviado para morar con los creyentes para siempre. ¿No es entonces lógico esperar que él hará las mismas obras?

El hecho de que los dones del Espíritu fueron dados a la iglesia para ser utilizados para su edificación y extensión parece indicar que estos poderes estarían disponibles mientras tanto había necesidad de ellos. Entre los dones se encuentran los de milagros y de sanidades. La iglesia gentil en Corinto disfrutó del uso y la bendición de estos dones. ¿Por qué no podemos tener el mismo privilegio?

Santiago escribió a las doce tribus esparcidas y, en un sentido más general, a la iglesia entera. El impartió instrucciones definitivas en cuanto a lo que la iglesia debe hacer en caso de enfermedad de uno de sus miembros: "¿Está alguno enfermo entre vosotros? Llame a los ancianos de la iglesia, y oren por él, ungiéndole con aceite en el nombre del Señor. Y la oración de fe salvará al enfermo, y el Señor lo levantará; y si hubiese cometido pecados, le serán perdonados" (Santiago

5:14,15). Esta es la receta para el creyente enfermo según el Nuevo Testamento.

El doctor Gerhard Uhlhorn, en su libro **El conflicto de la cristiandad con el paganismo** dice: "Testigos de quienes no se puede dudar nos dicen que los poderes milagrosos de la edad apostólica continuaron manifestándose hasta bien entrado el tercer siglo."[1] A. J. Gordon y un número de otros escritores sobre la materia citan varios de los primeros padres de la iglesia para mostrar que algunas sanidades milagrosas ocurrieron durante los primeros tres siglos de la era cristiana. Por ejemplo: **Justino Mártir** contó de endemoniados librados y gente siendo sanada. **Ireneo** se refiere a varios dones y entonces dice: "Otros todavía sanan a los enfermos, poniendo sus manos sobre ellos, y quedan sanos." **Tertuliano** dice: "Y cuanto más hombres de prominencia, sin decir nada de la gente común, han sido librados de demonios y sanados de enfermedades." **Orígenes** dice que la gente fue sanada de múltiples enfermedades, que no podían ser sanadas por otros medios, por fe e invocando el nombre de Jesús.

Los historiadores están de acuerdo en general en que una gran parte de los poderes milagrosos disfrutados por la iglesia primitiva habían casi desaparecido para el siglo cuarto. Esta fue la época de Constantino, una época de popularidad y poder temporal para la iglesia. Lo que el enemigo de toda justicia no podía hacer bajo la persecución feroz que sufrió la iglesia, lo logró por la popularidad y mundanalidad. Es un hecho conocido que toda el agua del mundo no puede hundir a un barco mientras tanto el agua está afuera. Cuando el agua entra en el barco, lo echa a pique. Lo mismo podemos decir de la mundanalidad y la iglesia. Fraternizar con el enemigo aún trae resultados trágicos.

A. J. Gordon dice que es un hecho muy significativo que "cuando encontramos un avivamiento de fe primitiva y sencillez apostólica, allí hallamos una profesión de los puros milagros evangélicos que caracterizaban la edad apostólica. Estos acompañan la cuna de cada reformación espiritual, como lo hicieron en el nacimiento de la iglesia misma. Valdenses, moravos, hugonotes, covemantarios, amigos, bautistas, metodistas, todos tienen historias de estas cosas."[2]

Durante la era tenebrosa de la historia medieval, muchas verdades preciosas de la iglesia fueron oscurecidas o perdidas.

Lentamente, están siendo restauradas a la iglesia. Los valdenses ayudaron a guardar la fe durante aquellos tiempos de gran prueba. Ellos tenían en sus artículos de fe el ungimiento con aceite y oración por la sanidad del enfermo. El conde Zinzendorf, famoso líder de los moravos, escribió: "Creer de todo corazón es la raíz del don de milagros; y yo debo este testimonio a nuestra iglesia amada, que los poderes apostólicos están allí manifestados. Hemos tenidos pruebas innegables de esto en el descubrimiento de cosas, personas y circunstancias que no podrían haber sido descubiertas humanamente; en la sanidad de enfermedades que en sí eran incurables. tales como cáncer, tuberculosis, cuando los pacientes estaban en la agonía de la muerte, todo por medio de una oración o de una sola palabra."[3]

Hay casos escritos y preservados de sanidades en respuesta a la oración bajo el ministerio de Martín Lutero, Juan Wesley, Juan Welch, Jorge Fox y J. N. Darby. Muchos de los escogidos siervos de Dios han experimentado ellos mismos sanidad que fue innegablemente sobrenatural y divina. Por ejemplo, podemos citar el caso de Andrés Murray, A. B. Simpson, Samuel Chadwick y E. Stanley Jones. No tenemos espacio para dar los detalles de estas sanidades, pero los ejemplos pueden ser multiplicados. A. J. Gordon de Boston, Andrés Murray de Africa del Sur y A. B. Simpson de Nueva York fueron entre los primeros en el siglo diecinueve que realizaron un estudio minucioso sobre la materia de la sanidad divina, aceptándola como una doctrina y escribiendo sobre este tema. Sus escritos merecen una consideración cuidadosa.

En vista de lo anterior, podemos decir que hay prueba suficiente de que la sanidad divina no cesó con la edad apostólica, sino que ha continuado hasta el siglo veinte.

Una vez más, quisiera citar un fragmento de los escritos de A. J. Gordon: "Si descubrimos que no existe una terminación brusca de milagros al finalizar la edad apostólica, entonces debemos formular la pregunta: ¿Por qué debe haber un cese de milagros en cualquier tiempo, mientras la iglesia quede y el ministerio del Espíritu Santo sea perpetuado?"[4] De veras, ¿por qué debe la sanidad divina cesar? Tenemos las mismas necesidades y tenemos el mismo Médico quien puede suplir todas estas necesidades. "Estas señales **seguirán** a los que creen" (San Marcos 16:17).

*"Jesucristo es el mismo ayer, y hoy, y por los siglos" (Hebreos 13:8)*

# CAPITULO 8

# LA SANIDAD EN EL SIGLO VEINTE

Uno de los atributos de la deidad es la inmutabilidad. Dios nunca cambia. Así como podemos confiar en la órbita fija que Dios ha establecido para los planetas, así también el Dios que les ha prescrito sus cursos no cambia. ¿Por qué estamos siempre buscando cambio? Es porque no hemos llegado a la perfección. Cualquier desviación de la perfección tendría que ser necesariamente hacia la imperfección. Puesto que Dios es perfecto, él no debe, él no puede cambiar. Cualquier cosa que él podía hacer en lo pasado puede hacerlo ahora. Cualquir cosa que él estaba dispuesto a hacer en tiempos pasados, él está dispuesto a hacer ahora. Si Dios sanaba en los tiempos del Antiguo Testamento, si él sanaba en los días de Cristo, si él sanaba en los días apostólicos y los tiempos después de los apóstoles, entonces ¿por qué no debemos esperar que él sane en el siglo veinte, o cualquier otro siglo hasta su retorno?

Nuestras fuentes de información son algo escasas en cuanto a muchos de los siglos de los tiempos medievales. Sin embargo, cuando llegamos al siglo veinte, las fuentes son tan abundantes que es difícil seleccionar la información que sería más pertinente a nuestra discusión.

Un número de hombres y mujeres que han sido usados de Dios en el ministerio de la sanidad se ha de mencionar en este capítulo. La mayoría, si no todos de estos, rechazarían el término de **sanador**. Ellos no poseían poderes místicos en sí mismos. Ellos insistían que la gente debe mirar a Jesús para su sanidad. Cualquier beneficio ofrecido, se ofrecía en el nombre y por el poder de Jesucristo. Algunos de los que aquí mencionamos encontraron oposición feroz. A la gente no le gusta cambiar sus ideas religiosas, y algunos se oponen vigorosamente a la intrusión de cualquier doctrina nueva que transforma sus tradiciones tan apreciadas. Aunque tengamos nuestras diferencias doctrinales, tenemos que admitir que Dios ha usado a estos siervos suyos. Acuérdese también que el diablo, "el acusador de los hermanos", se opone más a los que hacen el mayor daño a su causa.

## SANIDAD EN EL SIGLO XIX

Durante el siglo diecinueve, el interés en el tema de la sanidad divina comenzó a aumentarse. Se establecieron algunas casas para los que buscaban la sanidad por la fe en Jesucristo. Una de las más notables de éstas fue la de Dorotea Trudel (1813-1862), en el pueblo suizo de Mannendorf, sobre el lago Zurich. Muchos casos de sanidades milagrosos fueron registrados como resultado de esta "casa de oración". El pastor Juan C. Blumhardt (1805-1880) tenía un ministerio similar en un pequeño pueblo luterano de Mottlegen, en el corazón de la Selva Negra en Alemania. El pastor Blumhardt, después de graduarse de la Universidad de Tubingen, vio a una señora librada de lo que parecía ser posesión demoníaca en respuesta a sus oraciones. Todo el pueblo fue conmovido. El buscó y recibió "poder de lo alto", y Dios le usó grandemente en orar por los enfermos. El se mudó a un lugar más amplio en Bad Boll. El gobierno le vendió un edificio a menos de lo que costó construir, y el rey le hizo un donativo especial para ayudarle a comenzar su trabajo. Sus oraciones de fe fueron honradas grandemente por Dios. Allí, los enfermos iban para la sanidad desde toda Europa y aún desde América.[1] En los Estados Unidos de América, el doctor Carlos Cullis (1833-1892) tenía una obra de fe en la ciudad de Boston donde muchos encontraron al Señor como su sanador.

Habían varios ministros bien conocidos cuyos escritos ayudaron a preparar el camino para una diseminación amplia del evangelio de la sanidad. Algunos creen que Otto Stockmayer merece el título de "El teólogo de la doctrina de la sanidad por la fe". El publicó sus pensamientos sobre la materia y, más tarde, estableció una casa en Suiza donde muchos fueron sanados.[2]

Algunos predicadores sobresalientes quienes escribieron y publicaron obras serias sobre la sanidad divina fueron: Andrés Murray (1828-1917), un predicador muy respetado de la iglesia Holandesa Reformada del Africa del Sur; A. J. Gordon (1836-1895), pastor Bautista de Boston; R. A. Torrey (1856-1928), evangelista, escritor y el primer presidente del Instituto Bíblico Moody y A. B. Simpson, fundador de la Alianza Cristiana y Misionera.

## SANIDAD EN EL SIGLO ACTUAL

A. B. Simpson experimentó una sanidad muy sobresaliente después de haber sufrido colapsos nerviosos, una condición del corazón muy seria y muchas otras aflicciones físicas por más de veinte años. El recibió salud y fuerza hasta para subir montañas. Por años, él continuó trabajando arduamente, pero no sufrió fatiga ni se halló nunca completamente exhausto. Su testimonio personal es muy inspirador.[3]

Uno de los primeros evangelistas que celebró grandes campañas y oró por los enfermos en los Estados Unidos fue Mary B. Woodworth-Etter, cuyo ministerio público comenzó alrededor de 1877. Esta mujer muy poco común celebró campañas por todos los Estados Unidos. Miles testificaron que habían recibido sanidad física en respuesta a sus oraciones.

Alexander Dowie empezó su ministerio como pastor congregacional en Australia. Pronto comenzó a creer en la doctrina de la sanidad divina. Durante sus campañas, hasta veinte mil personas asistían, atraídas por su ministerio de la sanidad. En 1888 él se trasladó a los Estados Unidos, en donde más tarde fundó la ciudad de Zión, Illinois. Se ha dicho de él: "El doctor Dowie hizo más para promover la doctrina de la sanidad divina que quizás cualquier otro hombre. El fue detenido cien veces por haber orado por los enfermos. Miles fueron salvados y sanados bajo su ministerio."[4] Dowie tenía doctrinas que eran inaceptables a la mayor parte de las iglesias evangélicas y es sin duda por eso que su ministerio no ha sido muy publicado.

Carlos Parham (1873-1929) fue uno de los primeros líderes del movimiento pentecostal. La doctrina de Parham, sin embargo, no comenzó a esparcirse hasta que algunas sanidades milagrosas comenzaron a acompañar su ministerio. Los grupos pentecostales por el mundo entero tienen muchas creencias doctrinales, pero todos están unidos en las verdades fundamentales de la salvación, la sanidad divina, el bautismo del Espíritu Santo y la segunda venida del Señor Jesucristo.

Aimee Semple McPherson (1890-1944) comenzó su obra evangelística en el Canadá en 1910. Sanidades de casi toda enfermedad imaginable ocurrieron en sus campañas. La gente llenaba los auditorios más grandes disponibles en las ciudades principales del Canadá y de los Estados Unidos. Ella fue fundadora de la Iglesia Internacional del Evangelio Cuadrangular.

El doctor Carlos S. Price fue un pastor congregacional en California. El fue muy popular como conferencista. Le turbaron los informes acerca de las campañas de Aimee McPherson y decidió que iba a poner al descubierto este fraude. El asistió a uno de sus cultos y fue completamente convencido por la evidencia del poder de Dios que se manifestaba allí. El fue un hombre cambiado y dedicó el resto de su vida al trabajo evangelístico. Grandes multitudes y milagros de sanidad caracterizaban sus campañas en los Estados Unidos y el Canadá.

Lorne Fox fue un paralítico sin esperanza cuando el doctor Price llegó a la ciudad canadiense donde él vivía. Dios le sanó milagrosamente, y hace años él ha estado predicando el evangelio con resultados similares. El ha tenido muchas campañas con éxito en campos misioneros.

P. C. Nelson (1868-1942) fue el pastor de una iglesia Bautista en Detroit, Michigan. El fue golpeado por un automóvil cuando descendía de un tranvía, sufriendo una herida muy seria en su rodilla que aun le amenazaba la vida. Una infección había entrado en la cápsula sinovial de la rodilla, y el médico le dijo que él estaría cojo por muchos meses. Si es que podían salvar su vida, no debía sorprenderle que su rodilla estaría tiesa permanentemente. En respuesta a la oración de fe, fue sanado instantáneamente. El también se convirtió en evangelista, y sanidades sobrenaturales ocurrieron en sus campañas. Sin embargo, él dejó este ministerio para poder establecer un instituto bíblico donde obreros podrían ser enseñados para perpetuar este mismo ministerio. El lema del instituto era: "El evangelio completo para el mundo entero."

F. F. Bosworth fue uno de los primeros predicadores del evangelio de sanidad. El presentó la Palabra de Dios sobre el tema con gran claridad y con buenos resultados.

Ramón T. Richie fue bien conocido por su gran fe. El no trataba de imitar la elocuencia de otros evangelistas prominentes, pero su humildad sincera y fe sencilla trajeron salvación y sanidad a miles de personas. El celebró muchas campañas grandes y sobresalientes por todo el país.

Francisco Olazábal fue usado de Dios para llevar el evangelio con "señales que siguen" a muchos miles de gente de habla española en Nueva York y por la frontera mexicana.

La Gran Bretaña también tenía algunos evangelistas que alcanzaron a grandes multitudes con el mensaje del evangelio completo. Se destaca entre estos Smith Wigglesworth (1859-1947). Wigglesworth fue un joven dedicado en el Ejército de la Salvación. El tenía muy poca instrucción formal. Su vida fue transformada por una experiencia carismática que recibió en Sunderland. Uno de sus biógrafos le llama "el apóstol de la fe". Ocurrían muchos milagros de sanidad dondequiera que él predicaba, y sus servicios estaban en gran demanda. El celebraba campañas en Gran Bretaña, Australia, Nueva Zelanda, Canadá y muchos países de Europa. También tuvo campañas frecuentes en los Estados Unidos.

Esteban Jeffreys (1867-1943) y su hermano Jorge tuvieron un ministerio extraordinario en la Gran Bretaña. Los milagros de sanidad que seguían su ministerio atrajeron la atención del público. Los periódicos dieron publicidad a las campañas. Algunos reportajes fueron favorables, y otros no. Sus campañas llenaron los auditorios grandes tales como el Royal Albert Hall en Londres. Establecieron las Iglesias Elim de Inglaterra, iglesias que son conocidas por su celo evangelístico.

Por un tiempo, parecía que había poco énfasis sobre la doctrina de la sanidad divina en los círculos evangélicos. En la última parte de la década de 1940, un número de evangelistas comenzaron a proclamar de nuevo esta doctrina. Es verdad que había algunos que se aprovecharon del deseo universal por la salud, e hicieron comercio del mensaje con grandes anuncios y reclamos que no podían cumplir, y así la doctrina perdió el respeto de muchos. Al mismo tiempo, había un movimiento genuino de Dios que trajo fe, esperanza y sanidad a muchos millares alrededor del mundo. No debemos desacreditar una doctrina bíblica simplemente por cuanto algunos la interpretan mal, tuercen, la aplican mal, o tratan de usarla como un medio para alcanzar ventaja personal.

Hay un número de evangelistas conocidos en nuestros días que han traído el mensaje de la salvación y la sanidad a multitudes alrededor del mundo. Las campañas celebradas por estos evangelistas han atraído a multitudes para oír la palabra de Dios. Hasta naciones enteras han sido conmovidas, algunas veces, inclinándolas a recibir el mensaje del evangelio.

No hay manera de calcular el número de sanidades que pueden clasificarse de milagrosas que han ocurrido en las campañas de estos evangelistas. Muchos de los que fueron sanados tienen historias clínicas con las fotografías de rayos-X, declaraciones de los médicos, y otra documentación para comprobar sus testimonios.

Sería imposible relatar más que una pequeña fracción de las sanidades que yo conozco personalmente. En los cuatro continentes y varias islas donde yo he trabajado he visto sanidades sobrenaturales en respuesta a la oración tanto en mi propio ministerio como en el de otros con quienes yo he estado asociado estrechamente. Para mí, la veracidad de estas sanidades no es asunto de teoría, conjetura o especulación — es una realidad comprobada.

Al declarar el evangelio de Jesucristo al rey Agripa, Pablo dijo: "No se ha hecho esto en algún rincón" (Los Hechos 26: 26). Puede ser que uno no comprenda la doctrina y nunca haya visto personalmente algo que podría clasificarse como milagro, pero hay evidencia suficiente publicada que cualquier persona que desee puede examinar los hechos y estar seguro de que Dios sí sana en el siglo veinte. Por ejemplo, el **Pentecostal Evangel,** la publicación oficial semanal de las Asambleas de Dios, desde hace muchos años ha publicado todas las semanas los testimonios de diferentes personas que han sido sanadas sobrenaturalmente en respuesta a la oración. Estos testimonios siempre tienen que ser verificados y endosados por el pastor, antes de que se permita su publicación. A veces, tienen un período de espera de algunos meses y después una verificación adicional. Se toma toda precaución para asegurar la publicación solamente de testimonios que pueden salir airosos de cualquier investigación. Con todo esto ¡nunca les faltan los testimonios! Dios sana hoy en día. Una lectura cuidadosa de los testimonios de algunos de los libros que se mencionan en la bibliografía sería una verdadera inspiración y bendición. Otra clase de sanidad que se puede mencionar es la liberación de la adicción a las drogas. El abuso de las drogas ha llegado a ser uno de los problemas más grandes de nuestro mundo de hoy en día. Primero, por sus efectos perniciosos sobre el cuerpo y la mente de los que llegan a ser adictos y, segundo, por los crímenes que se cometen para conseguir el dinero para el hábito que puede costar cien dólares o más por día. Según las estadísticas disponibles, las curaciones médicas son inefectivas en más del 90% de los casos. Sin embargo, cientos, si no miles, de adictos están encontrando una curación completa en Jesucristo. Centros llamados "Teen Challenge" (Reto a la Juventud) en la mayor parte de las ciudades más grandes de los Estados Unidos, están siendo reconocidos como una de las medidas más efectivas que se han descubierto hasta ahora para efectuar una curación permanente de los drogadictos. El énfasis completo del Teen Challenge es Jesucristo. Después de entregar su vida completamente a Jesús, se le rodea al paciente con la oración, y por la ayuda del Espíritu Santo él es libertado completamente de la esclavitud de las drogas. Muchas veces esto ocurre sin pasar por los dolores acostumbrados cuando uno deja las drogas. Los médicos y oficiales del gobierno que están trabajando en el problema de los abusos de las drogas, están asombrados de los resultados. Estos centros ya se están estableciendo en varias partes de Europa. Los mismos resultados se ven allí también.

Se ha dicho que el número máximo de testigos que la ley requiere es siete. Esto se requiere para el establecimiento de un testamento verbal. El escritor de la Epístola a los Hebreos menciona **una gran nube de testigos** (Hebreos 12:1). El número de testigos es ciertamente suficiente para establecer el hecho de que **Jesucristo es el mismo ayer, y hoy y por los siglos** (Hebreos 13:8). El todavía tiene compasión; El todavía tiene poder; El todavía salva y **El todavía sana.**

🌹

# CAPITULO 9

# DONES DE SANIDADES Y DE MILAGROS

Un estudio de la doctrina de la sanidad divina no sería completo sin examinar cuidadosamente los dones del Espíritu Santo — especialmente los dones de sanidades y de milagros. Pablo escribió a la iglesia en Corinto: "No quiero, hermanos, que ignoréis acerca de los dones espirituales" (1 Corintios 12:1). Desgraciadamente, una gran parte de los hijos de Dios hoy en día no están bien informados en cuanto a los dones espirituales. E. S. Williams, refiriéndose a la finalidad o el propósito de los dones espirituales, dice: "Son capacidades espirituales para el fin de edificar la iglesia de Dios. También han sido dados para confirmación al mundo de la verdad del mensaje del evangelio."[1]

### IDEAS EQUIVOCADAS

Algunos han llegado a creer que los dones del Espíritu Santo no son para nosotros hoy en día. Ellos citan 1 Corintios 13:8 y dicen que: "Cesarán las lenguas." ¿Ha acontecido esto todavía? Una lectura cuidadosa del capítulo hace muy claro que estas operaciones imperfectas cesarán cuando llegue lo que es perfecto. Será a la venida de Cristo. Los dones fueron dados por Cristo a su iglesia —capacidades espirituales para una guerra sobrenatural— y sería una locura ignorarlos o ir a la batalla sin ellos.

Muchos tienen una idea equivocada en cuanto a la naturaleza de estos dones. Hay quienes creen que Dios da a una persona uno o más de estos dones y que éstos llegan a ser la propiedad exclusiva del dueño para hacer con ellos lo que quiere. Creen que él puede ponerlos en operación en el momento en que él quiera. Primero, notemos que en 1 Corintios 12:1, la palabra **dones** no está en el texto original, sino que ha sido suplida por los traductores. Una traducción más literal sería: "Tocante a espirituales, hermanos, yo no quisiera que estuviesen en ignorancia." En el versículo 7, leemos: "Pero a cada uno le es dada la manifestación del Espíritu para provecho". Otros lo traducen: "...para el bien común."

Una palabra de R. E. McAlister nos ayudará aquí: "Notamos además que la palabra **dones** en 1 de Corintios 12:4, se traduce de la palabra griega **carisma**. Los expertos en el griego dan a lo menos cinco significados de esta palabra griega como siguen: 'gracia, favor, bondad, don y ayuda' ".[2] Todo esto parece indicar que el Señor ha concedido esta gracia a su iglesia para que se manifieste la obra del Espíritu Santo. Si podemos deshacernos de la idea de ciertos poderes divinos conferidos sobre un grupo selecto, mientras la gran mayoría de los miembros están sentados a un lado sin participar, y comprender que el Espíritu Santo puede manifestarse por medio de cualquiera de los miembros del cuerpo de Cristo en cualquier tiempo, haremos verdadero progreso espiritual. Acuérdese que no se nos ha hecho grandes depósitos del gran poder de Dios, sino que somos canales por los cuales el Espíritu Santo puede fluir y hacer su obra. El es la fuente del poder. Nosotros somos sólo vasos de barro que él utiliza. Hablando de este asunto, Dennis Bennett dice: "Este error... el pretender tener dones permanentes... conduce al orgullo, al estancamiento, y tiene la tendencia de limitar los otros dones de Dios en aquella persona. Otro resultado es que la gente llega a esperar que solamente unas pocas personas serán utilizadas para expresar los dones del Espíritu, mientras la gran mayoría de la congregación están como espectadores sin expectación alguna que Dios podrá querer obrar por medio de ellos."[3]

Hay algunos que quieren lanzarnos un reto hoy en día y preguntan: "¿Dónde están los dones de sanidades?" Ellos dicen que si alguno poseyera tales poderes, debería ir a los hospitales y sanar a todos los que están allí. No hay precedente bíblico para tal cosa. El Señor Jesús sanaba a todos los que iban a él por la sanidad, pero él no sanaba sin distinción alguna. Habían muchos dolientes al lado del estanque de Betesda, pero el Señor escogió sanar solamente a uno. ¿Diría usted que los dones de sanidad no operaban en él?

## LOS DONES SON MANIFESTACIONES DEL ESPIRITU

Es bueno recordar que todos los dones del Espíritu funcionan en el plano de lo sobrenatural. No tienen nada que ver con los conocimientos médicos ni habilidades especiales, sino que son una intervención divina para el alivio y la sanidad de enfermedades. Cuando Pablo y su compañía llegaron a la isla de Malta y encontraron a un ciudadano prominente muy enfermo de disentería, no fue San Lucas el médico que le prescribió medicina para él, sino fue Pablo quien oró por él... y él fue completamente sanado (Los Hechos 28:1-10).

Hay tres dones del Espíritu que tienen que ver con la sanidad física. Son los dones de sanidades, milagros y fe. La fe la trataremos en un capítulo más adelante, así que estudiaremos los otros dos por ahora.

Ya hemos visto que los diferentes dones del Espíritu Santo son en realidad las manifestaciones del Espíritu Santo y de su obra. Parece ser que la descripción de la operación de estos ministerios del Espíritu que se nos da en 1 Corintios 12 es la descripción de un culto en una iglesia local. El Espíritu se manifiesta por medio de una persona y otra, obrando de varias maneras. El da a uno la palabra de sabiduría, a otro una profecía, a otro un mensaje en lenguas, etcétera. El versículo 11 nos dice: "Pero todas estas cosas las hace uno y el mismo Espíritu, repartiendo a cada uno en particular como él quiere."

Cuando Dios usa a una persona repetidamente para la manifestación de uno de los dones, se dice que él tiene un ministerio en cuanto a estas cosas. Puesto que los **dones de sanidades** y de **milagros** se enumeran en el versículo 28 entre los ministerios que Dios ha puesto en la iglesia juntamente con los de apóstoles, profetas y maestros; uno puede llegar a la conclusión de que ciertas personas han recibido un ministerio de traer la sanidad a los enfermos mediante el poder del Espíritu Santo. El individuo, por lo tanto, no tiene necesidad de decir que él tiene un **don** especial (que tantas veces se interpreta mal), sino que él tiene un **ministerio**. Yo he conocido a evangelistas y pastores que han tenido resultados maravillosos orando por los enfermos y, sin embargo, ellos mismos no afirmaban tener un **don especial.** El hecho es que algunos dicen que es la persona sanada la que recibe el **don,** y no la persona que ora por él.

Aunque muchas veces hablamos del **don de la sanidad,** en el griego original las dos palabras son plurales. No encontramos nada que nos indique específicamente por qué se emplea aquí el plural. Puesto que hay tantas clases de enfermedades y males físicos, muchos creen que esto puede referirse a diferentes poderes de sanidad. Es muy posible también que algunos tengan más fe para orar por alguna clase de enfermedad que por otra clase. Se ha sugerido que al tratar con los espíritus malignos para la liberación de sus víctimas, puede ser que se necesite un poder especial. Si aceptamos la interpretación de que los **dones de sanidades** son las sanidades mismas que reciben los millares de enfermos, entonces sería muy natural emplear el plural al referirse a estas manifestaciones del Espíritu Santo.

## ¿QUE DIREMOS DE LOS MILAGROS?

Se ha declarado muchas veces desde el púlpito que el día de los milagros ya pasó. ¿Sobre qué autoridad hacen los hombres tales declaraciones? ¿Es posible que tengamos sanidades hoy en día, que no sean de naturaleza milagrosa? ¿Son milagros todas las sanidades?

Ante todo, vamos a establecer una definición de la palabra **milagro.** Una definición es como sigue: "Un acontecimiento que no parece ser parte ni resultado de ninguna ley natural ni agencia conocida y, por lo tanto, se atribuye a menudo a causas sobrenaturales o divinas."[4] La palabra **milagro** viene de otra palabra que significa **algo que causa admiración o asombro.** Hay quienes tratan de rechazar todo lo que sea milagroso, diciendo que Dios ha establecido ciertas leyes en la naturaleza y que él no va a quebrantar o anular aquellas leyes. Nosotros estamos de acuerdo con el teólogo Berkhof cuando él dice: "Cuando se realiza un milagro las leyes de la naturaleza no son violadas, sino superadas en un punto particular por una manifestación superior de la voluntad de Dios. Las fuerzas de la naturaleza no son aniquiladas ni suspendidas, sino contrarrestadas en un punto particular por una fuerza superior a la de la fuerza de la naturaleza."[5]

Hablando de milagros, Harold Horton dice: "Un milagro es una intervención sobrenatural en el curso ordinario de la naturaleza; una suspensión temporal del orden acostumbrado; una interrupción del sistema de la naturaleza según nosotros lo conocemos... Un milagro es un acto soberano del Espíritu de Dios y no está sujeto a leyes o sistemas... Dios no está ligado por sus propias leyes... Hablar de Dios como si él estuviera circunscrito por las leyes que él mismo ha hecho, es reducirle al plano de sus criaturas y hacer mal a la misma esencia de sus atributos eternos."[6]

Por ejemplo, miremos una ilustración sencilla. La ley de la gravedad atrae a la tierra todos los objetos más pesados que el aire. Cuando un avión gigantesco se despega de la tierra y se levanta hasta las nubes llevando muchas toneladas de cargamento, la ley de la gravedad no ha sido suspendida ni anulada. El poder de los grandes motores de propulsión a chorro ha vencido la atracción de la gravedad. Dios puede en todo tiempo hacerse cargo directo y hacer lo que para nosotros sería milagros.

En la Biblia hallamos muchas clases de milagros. Había milagros que no eran milagros de sanidad, tal como cuando se abrió el mar Rojo y el río Jordán, el fuego que descendió del cielo para consumir el sacrificio sobre el altar en el monte Carmelo, la provisión de agua sacada de la roca y el maná del cielo. Había también muchos milagros de sanidad realizados por el Señor y por sus seguidores. La sanidad del hombre cojo a la puerta la Hermosa del templo fue llamado un milagro (Los Hechos 4:16). El levantar a Lázaro de entre los muertos después de tres días en la tumba ciertamente fue un milagro. Muchos otros casos podrían citarse.

Contrario a lo que algunos creen y enseñan, los milagros no cesaron con Cristo y sus apóstoles. A. J. Gordon dice que el profesor Pfleiderer llama a la declaración o enseñanza de que los milagros cesaron con la edad apostólica "una suposición extraordinaria del dogmatismo protestante" y un "postulado que tanto la historia como la experiencia contradicen por completo".[7] Dios no ha cambiado; él puede todavía hacer milagros cuando él desee.

Muchas sanidades parecen ser milagrosas. ¿Cuál es la

diferencia, si es que la hay, entre los dones de sanidad y el don de los milagros? Ya hemos notado que algunos milagros no tienen nada que ver con la sanidad física. Hay quienes creen que un milagro tiene que ser instantáneo mientras que una sanidad (aun sanidad divina) puede requerir cierto lapso para completarse. No estoy seguro que se pueda hacer tal distinción. Hudson Taylor, el gran hombre de fe que estableció la Misión Interior de la China, dijo que un milagro generalmente tiene tres fases: primero, imposible; segundo, difícil; y tercero, hecho. Parece ser que hay cierta confluencia de algunas de las manifestaciones del Espíritu, de tal manera que no se hallan líneas bien definidas entre ellas en su operación. Esto se puede aplicar especialmente a los dones del poder: la fe, la sanidad y los milagros.

¿Cuál es el propósito de los milagros? Aunque estamos prontos para admitir que Dios puede hacer tantos milagros como él quiera y con la frecuencia que crea conveniente; sin embargo, la historia bíblica y la historia de la iglesia parecen indicar que Dios es algo económico con sus milagros. Herodes quería que Cristo hiciera algún milagro para entretenerle. El Señor no consintió a hacer tal cosa (San Lucas 23:8-11). Jesús reprendió a los que querían ver una señal (San Mateo 16:1-4). Hablando sobre este asunto, C. M. Ward dice: "El ministerio de Jesús fue acompañado de milagros. Un examen cuidadoso de cuando él empleaba un milagro y cuando no empleaba un milagro nos llevará a estas conclusiones: (1) El no proveía mediante un milagro lo que se podía proveer por el esfuerzo humano o prevención humana. (2) El no utilizaba sus poderes especiales para proveer para sus necesidades o deseos personales. (3) El no hacía ningún milagro simplemente para mostrar sus poderes milagrosos. Siempre fue asociado con benevolencia e instrucción. (4) No empleaba milagros para suplementar la política o directiva humana. (5) El no obraba ningún milagro que fuera tan asombroso y terrible para espantar a los hombres a aceptarle, o un milagro que no dejara a un hombre lugar alguno para la incredulidad."[8]

Hay tres palabras diferentes en el griego que se usan en el Nuevo Testamento para **milagros**.

(1) **teras**—que significa un prodigio, un agüero o maravilla,

(2) **dunamis**—que significa poder milagroso, y

(3) **semeion**—un milagro, una muestra, señal o maravilla.

Además de ser traducido **milagro**, estas palabras a veces se traducen como **maravilla, obras grandes, señales**, etcétera.

Juan el apóstol usaba consecuentemente la palabra **semeion** para describir las obras de Cristo. Este uso pone énfasis sobre el valor de los milagros como una **señal**. Una señal no tiene importancia en sí, sino que es importante por lo que señala o indica. Así, los milagros de Cristo fueron importantes por lo que señalaron.

El apóstol Juan, de un número muy grande de milagros seleccionó, sólo siete para narrar en su evangelio. Escribió éstos con un propósito definitivo. El expresó claramente su propósito en estos términos: "Hizo además Jesús muchas otras señales en presencia de sus discípulos, las cuales no están escritas en este libro: pero éstas se han escrito para que creáis que Jesús es el Cristo, el Hijo de Dios, y para que creyendo tengáis vida en su nombre" (San Juan 20:30,31). Entonces, uno de los objetivos principales de un milagro es hacer creer a la gente que Jesucristo es el Hijo de Dios, el Salvador del mundo, para que creyendo puedan tener vida eterna por medio de él.

Un fariseo bien conocido y quien era un principal entre los judíos dijo a Jesús: "Rabí, sabemos que has venido de Dios como maestro; porque nadie puede hacer estas señales que tú haces, si no está Dios con él" (San Juan 3:2). En el día de Pentecostés, Pedro, en su mensaje a la multitud congregada, refirió al Señor en estos términos: "Jesús Nazareno, varón aprobado por Dios entre vosotros con las maravillas, prodigios y señales que Dios hizo entre vosotros por medio de él, como vosotros mismos sabéis" (Los Hechos 2:22).

Jesús mismo citó sus obras milagrosas como una prueba de que él era el Mesías cuando hablaba con los mensajeros de Juan el Bautista (San Mateo 11:2-5). Cristo reconoció a Juan el Bautista como uno de los hombres más grandes. Juan proclamó que Jesús era el Hijo de Dios (San Juan 1:34). Sin embargo, Jesús dijo que las obras que él hacía eran mayor evidencia de su origen divino que el testimonio de Juan (San Juan 5:36). Lo cierto es que Jesús hasta dijo que no sería pecado dudar de él si no hubiera hecho obras grandes (milagros) delante de ellos (San Juan 15:24).

A los discípulos del Señor se les dio la gran comisión de llevar el evangelio al mundo entero. Se les dijo que acompañarían señales milagrosas a los que creyesen. Ellos creían y obedecían. ¿Cuál fue el resultado? "Ellos saliendo, predicaron en todas partes, ayudándoles el Señor, y confirmando la palabra con las señales que la seguían. Amén" (San Marcos 16:20). En la epístola a los Hebreos, se nos dice que el Señor comenzó a anunciar el gran plan de la salvación, el cual fue confirmado por los que le habían oído a él. "Testificando Dios juntamente con ellos con señales y prodigios y diversos milagros y repartimientos del Espíritu Santo según su voluntad" (Hebreos 2:4).

Nosotros creemos que la gran comisión es también una obligación para los cristianos de hoy en día. Si el mandamiento está en vigor todavía, el poder para cumplir la orden debe estar también accesible. Se le envió al Espíritu Santo para permanecer con nosotros para siempre. Sin duda, sus dones de poder se darán siempre a los que confían en él sinceramente para esta capacitación divina. Los dones del Espíritu son muy deseables para tener un ministerio eficaz entre los enfermos.

## NECESIDAD DE LOS MILAGROS HOY

El poder sobrenatural de Dios que se manifiesta en la sanidad milagrosa de los enfermos hace mucha falta hoy en nuestro mundo de incredulidad y escepticismo. Hay muchos **Nicodemos** ahora que necesitan ser convencidos por tales demostraciones del poder del Dios vivo. Sin embargo, hace falta una palabra de consejo para los que quieren ser usados de Dios en esta manera. Debemos tener mucho cuidado a fin de evitar lo **mágico** en nuestra búsqueda por lo **milagroso**. Dios hace muchos milagros que no son **espectaculares**. Debemos siempre recordar que la prueba de un verdadero milagro de Dios es, "¿Qué bien hace este milagro?" Un milagro (semeion) debe siempre señalar al Hacedor de los milagros, Jesucristo, y no a aquel que es simplemente un instrumento en las manos de Dios.

El hecho de que hay tantos millones de enfermos en derredor que necesitan la sanidad que sólo Cristo puede dar es un gran incentivo para buscar los dones de sanidades y de milagros. Sin embargo, es muy fácil que nuestro corazón nos engañe para hacernos pensar que nuestros motivos son puros cuando hay un gran porcentaje de egoísmo en nuestros pensamientos interiores. Anhelamos la publicidad, la fama, las multitudes y quizás hasta remuneración financiera que tal ministerio podría posiblemente traer. Un orador puede atraer a centenares, mientras tanto un **hacedor de milagros** atraería a millares. Es difícil mantener la victoria sobre el éxito. Es fácil enamorarse de las grandes multitudes y enorgullecernos de los resultados; y esto en sí nos provocaría daño espiritual muy serio. Tenemos que estar seguros de que tenemos los motivos correctos—la compasión por los enfermos en cuerpo y alma y un deseo sincero de que nuestro maravilloso Señor reciba toda la gloria que él merece tan ricamente.

*"Yo he venido para que tengan vida, y para que la tengan en abundancia"*
*(San Juan 10:10).*

❦

## CAPITULO 10

# POR QUE LOS CRISTIANOS DEBEN GOZAR DE BUENA SALUD

Los verdaderos cristianos, los que han nacido de nuevo y están llenos del Espíritu Santo, deben ser la gente más saludable del mundo. Les diré el porqué.

No hace mucho leí un artículo en un periódico que llevaba el título: **Los varones adventistas simplemente viven más tiempo.** Esta fue la conclusión a que se había llegado después de una investigación cuidadosa comparando a los Adventistas del Séptimo Día con la norma nacional de longevidad. Aunque ellos tienen fama de tener un estilo de vida moderada, los Adventistas del Séptimo Día no son los únicos cristianos que gozan de una salud mejor que el promedio de la gente. Considere conmigo las cuatro razones siguientes por que los cristianos deben gozar de buena salud: (1) Vidas moderadas; (2) equilibrio emocional; (3) protección divina y (4) la vida de Cristo dentro de uno.

### VIDAS MODERADAS

Un cristiano debe disfrutar de excelente salud porque él no participa en muchas cosas que son dañinas a su salud física. El doctor Karl Menniger dice que en marzo 19, 1972, el mal de las drogas administradas por uno mismo fue llamado oficialmente el problema número uno de los Estados Unidos.[1] A muchos de nosotros nos es difícil comprender el alcance de este problema. Además de los miles que están en nuestras instituciones mentales por cuanto las drogas han arruinado sus mentes, hay quienes mueren por haber tomado una sobredosis o haber experimentado con drogas poco conocidas. Hay miles de jóvenes que van perdiendo completamente la salud, y mientras tanto parece que su único deseo es simplemente conseguir otra inyección. Si consideramos el aumento tremendo de crímenes que se cometen a fin de conseguir el dinero para comprar las drogas, uno puede ver fácilmente por qué esto ha sido llamado el problema número uno. El porcentaje creciente de esta clase de crimen en los Estados Unidos, de 1967 a 1972, es como sigue: El robo a mano armada, 85.5% de aumento; el robo de casas particulares y comerciales, 45.6%; ratería, 75.1%.[2]

Sabemos que un verdadero cristiano no hace abuso de su cuerpo tomando LSD, heroína y otras drogas similares; pero quizás algunos deben ser advertidos contra el uso de otras drogas menos potentes: las píldoras para mantenernos despiertos, píldoras para inducirnos a dormir, píldoras para calmar los nervios, etcétera. El hecho de que muchos han muertos por haber tomado una dosis demasiado grande de píldoras para dormir debe advertirnos del peligro de tales drogas.

Aunque el uso de las drogas más notorias puede ser considerado el problema número uno, sin embargo, el doctor Menninger dice que **el alcohol y la nicotina** dañan a mucha más gente que estas otras drogas. Estamos conscientes de los efectos desastrosos de los automovolistas borrachos en nuestras calles y carreteras. Estos causaron la muerte de más de 25,000 personas en los Estados Unidos solamente el año pasado. Estadísticas de un estudio demuestran que el alcohol fue un factor en más del 40% de las muertes violentas en el país.

El alcohol es también una de las mayores causas del suicidio. Muchos parecen ignorar el hecho de que en el 10% de los ingresos a nuestras instituciones mentales, que ya están repletas, se atribuye la causa principal de la admisión al alcoholismo. En el caso de un 10% adicional, el alcoholismo se nota como una causa importante que ha contribuido al estado del paciente. Se informa que alrededor del 6% de los alcohólicos crónicos llegan al desequilibrio mental en alguna forma.[3] Cuando consideramos el número total de alcohólicos y la manera en que esta situación aumenta, podemos empezar a comprender algo de la magnitud de este problema.

Endurecimiento del hígado, parlálisis parcial de ciertos músculos, neuritis, inflamación de las paredes del estómago, el cáncer gástrico y un debilitamiento de resistencia a otras enfermedades son algunas de las consecuencias físicas de la participación de bebidas alcohólicas. La Biblia condena severamente la borrachera. Si nos abstenemos de beber la primera copa, nunca llegaremos a borrachos. Un cristiano dedicado que siempre rehusa aun una copa social puede esperar normalmente mejor salud y una vida más larga que aquellas personas cuyos cuerpos continuamente tienen que luchar contra los venenos del alcohol.

En la cadena nacional de televisión ABC el día 20 de julio de 1974, el comentador de las noticias, Harry Reasoner, dijo: "Diez anos después de la amonestación del cirujano general, hay más de 50 millones de norteamericanos que siguen fumando." Un médico, después de examinar cuidadosamente los hechos, dice:

> *Si uno tuviera en cuenta todas las muertes por el cáncer del pulmón y otras partes del cuerpo, más las muertes de apoplejía, pulmonía, influenza, tuberculosis, enfisema, asma, úlceras y enfermedad coronaria del corazón—muertes en las cuales el tabaco juega un papel mayor, el gran total sería entre doscientos mil y trescientos mil estadounidenses cada ano.*[4]

De los 50 millones de norteamericanos que fuman, hay muchos millones que quisieran dejar de hacerlo, pero parece que no lo pueden hacer. El cristiano comprende que su cuerpo es templo del Espíritu Santo y quiere guardar ese templo limpio y listo para el servicio del Señor. El no sólo tiene la determinación de no fumar, tomar y usar las drogas, sino que el Espíritu de Dios le ha dado el poder para hacerlo. Su salud, entonces, debe ser mucho mejor que la de aquellos que dependen de las drogas, el alcohol y el tabaco.

Las enfermedades venéreas son un problema mayor en los Estados Unidos y en muchas partes del mundo. Por un tiempo parecía que desminuían, pero entonces empezaron a explotar. Recientemente en un período de cuatro años los casos de sífiles registrados aumentaron en un 200% a 800% en algunas de las ciudades más grandes. La causa principal de este aumento parece ser la baja en las normas morales. Puesto que la Biblia es muy explícita en su denuncia de toda clase de actividad sexual ilícita, el cristiano que vive por sus normas no tiene que temer los resultados temibles de estas enfermedades terribles. El goza de mejor salud porque evita escrupulosamente las causas de las llamadas **enfermedades sociales.**

No es muy fácil hablar de la glotonería, por cuanto es una cosa que nos toca más de cerca que algunos de los vicios más evidentes. El problema de la obesidad y sus efectos sobre la salud ya se ha mencionado. El apóstol Pablo nos dice que un atleta que verdaderamente quiere sobresalir es moderado en todas las cosas. Esto, él nos dice, es solamente para ganar una corona que pronto perecerá. ¡Cuánto más nosotros que estamos esforzándonos por un galardón eterno debemos hacer todo esfuerzo para abstenernos de cualquier cosa que nos impida tener una óptima salud para la gloria del Señor! (1 Corintios 9:25) El régimen alimenticio correcto y buenos hábitos de comer son muy importantes para cualquiera que quiere estar en buena forma física. Los que trabajan en ocupaciones sedentarias deben asegurarse de hacer ejercicio físico suficiente. Si sabemos hacer lo bueno y no lo hacemos ¡es pecado! (Véase Santiago 4:17) Pablo nos da una buena regla cuando nos dice: "Si pues coméis, o bebéis, o hacéis otra cosa, hacedlo todo para la gloria de Dios" (1 Corintios 10:31).

## EQUILIBRIO EMOCIONAL

El público en general no reconoce cuántas enfermedades tienen su origen en la falta de equilibrio emocional. Por ejemplo, se nos dice que unos 7.000.000 de estadounidenses reciben tratamiento todos los días por alguna clase de dolencia de las espaldas. El doctor Juan Sarno del Instituto de Medicina para Rehabilitación en Nueva York, cree que las emociones, tensiones, ansiedades y depresión son un factor muy importante en por lo menos el 80% de las dolencias de las espaldas.[5] En el prefacio de su libro bien documentado, **Ninguna de estas enfermedades**, el doctor S. I. McMillen dice:

*La ciencia médica reconoce que las emociones tales como el temor, la tristeza, la envidia, el resentimiento y el odio son responsables de la mayoría de nuestras enfermedades. Los cálculos varían desde el 60% hasta casi el 100%. La presión emocional puede causar alta presión de la sangre, bocio tóxico, dolores de cabeza, artritis, apoplejía, enfermedades cardíacas, úlceras gastro-intestinales y otras enfermedades serias demasiado numerosas para mencionar. Como médicos podemos prescribir medicina para los síntomas de estas*

*enfermedades, pero no podemos hacer mucho por la causa princi-
pal — la agitación emocional.*[6]

Es aquí donde el cristianismo puede ayudarnos. Dios puede
cambiar a un hombre completamente y ayudarle a vencer todas
sus emociones dañinas. Es fácil ver como tal transformación
contribuiría grandemente al bienestar del verdadero cristiano.
Ahora, examinemos algunas emociones específicas que pueden
causar daño a la salud, a fin de aprender a tratar con ellas.

La ira figura con prominencia en la lista de emociones dañinas. El odio, resentimiento, amargura—todas son condenadas
en la Palabra de Dios. ¿Cuál es el antídoto? El amor. Amamos
a Dios. Amamos a nuestras familias. Amamos a nuestros hermanos y hermanas en Cristo. Este amor es bueno y es un
mandato del Señor. El hecho es que el amor que sentimos los
unos para con los otros es el distintivo de los discípulos del
Señor. "En esto conocerán todos que sois mis discípulos, si tu-
viereis amor los unos con los otros" (San Juan 13:35). Sin embargo, nuestro amor no debe pararse allí. Se nos dice que debemos amar aun a nuestros enemigos. Cristo nos dio ejemplo
de esta clase de amor cuando él oraba por aquellos que lo estaban crucificando. Debemos estar tan llenos del amor de Dios
que será imposible para nosotros odiar a nadie. ¡Esto tendrá un
efecto muy saludable en nuestras vidas!

El temor, el afán y un sentido de inseguridad crean tensiones que son muy dañinas a nuestro bienestar físico. Un cristiano puede tener la victoria sobre estas cosas. Vez tras vez,
la Palabra de Dios nos dice: "¡No temáis!" Aun en la presencia
de la muerte, el Señor dijo a un padre afligido y perturbado:
"No temas, cree solamente" (San Marcos 5:36). El que dijo:
"Toda potestad me es dada en el cielo y en la tierra", también
ha prometido: "He aquí yo estoy con vosotros todos los días
hasta el fin del mundo" (San Mateo 28:18,20). No solamente
tiene todo poder y está continuamente con nosotros, sino que
él también se ocupa de nuestro bienestar. El tiene cuidado de
nosotros. Su Palabra nos dice que podemos echar toda nuestra
solicitud sobre él porque él tiene cuidado de nosotros (véase 1
Pedro 5:7). El lugar más seguro en todo el mundo está en el
centro de la voluntad de Dios. El salmista declara: "Dios es
nuestro amparo y fortaleza, nuestro pronto auxilio en las tribulaciones. Por tanto, no temeremos, aunque la tierra sea re-
movida, y se traspasen los montes al corazón del mar" (Salmo

46:1,2). Digamos con David: "Jehová es mi luz y mi salvación; ¿de quién temeré? Jehová es la fortaleza de mi vida; ¿de quién he de atemorizarme?" (Salmo 27:1). Acuérdese siempre que: "En el amor no hay temor, sino que el perfecto amor echa fuera el temor" (1 Juan 4:18). Estando seguro bajo la mano protectora de Dios, libre del temor y del afán, el cristiano debe gozar la bendición de la buena salud.

Los psicólogos y los psiquiatras están de acuerdo en que es muy importante para un niño pequeño saber que hay alguien que de veras le quiere. Si él se siente rechazado o no deseado, esto puede causar problemas serios para su salud y afectar también su personalidad. La gente mayor también necesita saber que hay alguien que les quiere. Un hombre rico que vivía solo dijo: "Yo daría cualquier cosa si hubiese persona alguna que se preocupara si yo llegase tarde de mi trabajo." La soledad, un sentimiento de rechazado, el pensamiento que no hay nadie que le quiere, puede llevar a uno al abatimiento, al desaliento y, en muchos casos, a la pérdida de la salud y aun hasta el suicidio. Gracias a Dios, los cristianos pueden saber siempre que tienen un amigo más unido que un hermano (Proverbios 18:24). El nos ama sinceramente, como su sacrificio lo demuestra. Dios nos ama porque es su naturaleza amar, tal como una rosa da su perfume simplemente porque es rosa. Puesto que su amor no depende de si la persona es amable o no, no es ni espasmódico, ni transitorio, sino constante y eternal. El Señor dice: "Con amor eterno te he amado; por tanto, te prolongué mi misericordia" (Jeremías 31:3). Si sabemos que Dios verdaderamente nos ama, seremos libres del temor y de la inseguridad que muchos padecen hoy en día.

Un hombre muy sabio dijo: "El corazón alegre constituye buen remedio; mas el espíritu triste seca los huesos" (Proverbios 17:22). La felicidad es muy importante para nuestra salud y para nuestro bienestar general, y, sin embargo, ¡cuán pocas personas parecen estar verdaderamente contentas! ¿Cuántas caras sonrientes ve usted en las calles muy transitadas de nuestras ciudades? El verdadero gozo es un fruto del Espíritu, según la lista que se halla en Gálatas 5:22. En Romanos 14:17 nos habla de "gozo en el Espíritu Santo". Escribiendo a los creyentes de la iglesia de Filipos, Pablo les exhorta diciendo: "Regocijaos en el Señor siempre. Otra vez digo: ¡Regocijaos!" (Filipenses 4:4). Puede ser que no podamos regocijarnos siempre en las circunstancias, pero podemos regocijarnos siempre en el Señor. Un gran líder y gobernador de la gente judía que acababa de volver del exilio de Babilonia dijo a su pueblo que no debían estar tristes sino gozosos porque "el gozo de Jehová es vuestra fuerza" (Nehemías 8:10). Es muy difícil para el diablo tentar a un cristiano que se halla completamente feliz. ¿Con qué puede uno atraer a una persona que está verdaderamente satisfecha? El gozo es una emoción muy saludable.

**La salud mental,** según algunos médicos, abarca la salud física, social, cultural, espiritual y todos los demás aspectos de la salud. Es de suma importancia que el centro de comunicaciones, que dirije todas las actividades del cuerpo, se mantenga en buenas condiciones. El cristiano tiene una promesa que: ". . . la paz de Dios, que sobrepasa todo entendimiento, guardará vuestros corazones y vuestros pensamientos en Cristo Jesús" (Filipenses 4:7). Por supuesto, hay condiciones, pero son razonables. Primero, necesitamos tener **paz para con Dios;** entonces, podemos tener **la paz de Dios.** Cuando Cristo estaba para partir de este mundo, el don que dio a sus seguidores fue la paz. El dijo: "La paz os dejo, mi paz os doy: yo no os la doy como el mundo la da. No se turbe vuestro corazón, ni tenga miedo" (San Juan 14:27). Controlar los pensamientos es posiblemente la tarea mas difícil que confronta al cristiano. Puesto que los pensamientos producen acciones, tenemos que hacer el esfuerzo necesario para dominar nuestros pensamientos y no tolerar los pensamientos dañinos. Es bueno acordarse de que uno no puede excluir los pensamientos de su mente simplemente diciéndose: "Yo no voy a pensar acerca de . . . . " Tiene que llenar la mente con otros pensamientos. En vista de esto, el apóstol Pablo nos da en Filipenses 4:8 una lista de cosas sobre las cuales uno debe pensar. Aquí está la lista: "Por lo demás, hermanos, todo lo que es verdadero, todo lo honesto, todo lo justo, todo lo puro, todo lo amable, todo lo que es de buen nombre; si hay virtud alguna, si algo digno de alabanza, en esto pensad."

Cuando le preguntaron a un líder cristiano muy eminente el secreto de su vida de victoria espiritual y de bendición, él respondió que había hecho de Cristo el hogar de sus pensamientos. Muchas veces tenemos que ir al trabajo o a la escuela o salir de casa por un tiempo, pero cuando estamos libres, automáticamente volvemos hacia el hogar. Cuando nuestra mente se encuentre libre de las tareas necesarias, debe volver a su hogar: Cristo.

## PROTECCION DIVINA

El cristiano debe gozar de salud no sólo porque es moderado y tiene buen equilibrio emocional, sino por cuanto él también tiene protección que otros no tienen. Hay una diferencia entre los que son hijos del Señor y los que no lo son. Cuando Dios sacó a los israelitas de su esclavitud, envió plagas sobre sus opresores—no sobre su pueblo. Los israelitas tenían luz mientras que los otros estaban en las tinieblas. El Señor les prometió que no enviaría sobre ellos las enfermedades que habían venido sobre otros (Exodo 15:26).

El Salmo 91 es un canto de protección muy consolador. En este Salmo, se nos dice que no tendremos necesidad de temer el mal que caiga sobre los que nos rodean, mientras estemos bajo el amparo de las alas del Omnipotente. El versículo 10 dice: "No te sobrevendrá mal, ni plaga tocará tu morada." En el Salmo 34 se nos dice: "El ángel de Jehová acampa alrededor de los que le temen, y los defiende" (versículo 7).

Esta es la mejor clase de seguro sobre la salud y contra los accidentes: protección **contra** la enfermedad y los accidentes en vez de ayuda financiera cuando estas cosas acontezcan. En Ezequiel 34, nos dice que un buen pastor sana a sus ovejas. Esto es una parte de su responsabilidad—buscar a las cojas, las heridas, enfermas o débiles, y ayudar a restaurarles la salud. Cristo es el Buen Pastor. El ama de corazón a las ovejas que él ha comprado al precio de su propia sangre. El las protegerá, defenderá, y proveerá para todas las necesidades de su rebaño. No tenemos nada que temer siguiendo a nuestro Buen Pastor.

## LA VIDA DE CRISTO DENTRO DE NOSOTROS

Uno de los misterios más grandes de la fe cristiana es el de cómo Cristo puede habitar en nosotros. Aunque es muy difícil comprender cómo Dios se rebajaría para morar en mortales tan indignos como nosotros; sin embargo, esto se enseña claramente en las Sagradas Escrituras. Jesús dijo: "El que me ama, mi palabra guardará: y mi Padre le amará, y vendremos a él, y haremos morada con él" (San Juan 14:23). ¡El de veras habitará dentro de nosotros! Lo cierto es que Pablo nos dice que Cristo en nosotros es la esperanza de la gloria (Colosenses 1:27). El apóstol Juan dice: "Y este es el testimonio: que Dios ha dado vida eterna; y esta vida está en su Hijo. El que tiene al Hijo, tiene la vida; él que no tiene al Hijo de Dios, no tiene la vida" (1 Juan 5:11-12).

Todos reconocemos el hecho de que Cristo vino para traernos vida espiritual, vida eterna, pero no debemos excluir el pensamiento que es posible que él pueda impartir vida física más abundante también. Dios se interesa en el hombre entero, no solamente en almas. Un alma sin cuerpo no puede llevar a cabo su trabajo aquí sobre la tierra. El vino para salvar a la humanidad, no simplemente a las almas. Los cristianos, los que han nacido de nuevo, componen el cuerpo de Cristo, por medio del cual él hace su trabajo hoy. Si usted tuviera un empleado trabajando para usted, ¿preferiría tener uno que es fuerte y sano, o uno que es débil y enfermizo?

Jesucristo es la fuente de la vida. El es el Creador que dio la vida al hombre en el principio. El dijo: "Yo soy la resurrección y la vida" (San Juan 11:25). Su vida es completamente libre de toda enfermedad y contaminación. Esta es la vida que él nos imparte a nosotros. Recibimos su vida tal como los pámpanos reciben su vida de la vid. También, se nos exhorta a dejar que la Palabra de Dios habite en nosotros. Jesús dijo: "Las palabras que yo os he hablado son espíritu y son vida" (San Juan 6:63). Teniendo dentro de nosotros este manantial de la vida, es normal esperar una vida más abundante, tanto en lo físico como en lo espiritual.

Al parecer muchas de nuestras enfermedades son el resultado de cosas que nos acontecieron en el pasado, posiblemente hasta en la niñez. El médico psiquiatra puede a veces encontrar las causas de estas enfermedades, pero muchas veces halla que no puede efectuar la sanidad necesaria. Muchos de los que oran por los enfermos hoy en día dan importancia a la **sanidad interior**. Gracias a Dios que el Cristo que habita dentro de nosotros bien puede enfrentarse con cualquiera situación y traer **la sanidad interior** que es tan necesaria.

Ya hemos notado que el que trajo el pecado y la enfermedad a este mundo fue el diablo, y que Cristo vino para destruir las obras del diablo. Acuérdese en todo tiempo que "mayor es el que está en vosotros, que el que está en el mundo" (1 Juan 4:4). Por medio de Cristo, podemos ser más que vencedores. ¡Por medio de él, podemos llevar vidas moderadas, alcanzar equilibrio emocional, disfrutar protección divina y la presencia continua dentro de nosotros de la misma fuente de la vida! Sí, un verdadero cristiano debe ser la persona más saludable y más feliz del mundo.

*"Señor, si quieres, puedes limpiarme... Quiero, sé limpio"*
*(San Mateo 8:2,3).*

## CAPITULO 11

# DIOS QUIERE SANAR

Si uno cree en el Dios de la Biblia y en su interés por la humanidad hoy en día, no puede dudar del poder de Dios para sanar las enfermedades físicas. Todos sabemos que Dios puede sanar y muchos han visto sanidades que la ciencia médica no puede explicar. El obstáculo más grande a la fe es la pregunta: ¿Quiere sanar Dios hoy en día? o, ¿A quién quiere sanar Dios? Podemos reclamar el poder de Dios solamente cuando conocemos la voluntad de Dios.

La Iglesia Episcopal nombró una comisión de hombres expertos en el asunto para hacer un estudio minucioso sobre la doctrina de la sanidad divina. Después de tres años de estudio e investigaciones, dijeron en su informe: "El Señor Jesús llevó a cabo la curación de los enfermos como una revelación de la voluntad de Dios para el hombre." También dijeron: "La iglesia ya no puede orar más por los enfermos con esa frase: 'si es tu voluntad' que destruye la fe."[1]

En este capítulo quisiera dar siete razones porque yo creo que Dios quiere sanar a los enfermos.

### CRISTO VINO PARA HACER LA VOLUNTAD DEL PADRE

(1) **Cristo vino a la tierra para hacer la voluntad de su Padre, y él sanaba a todos los que venían a él buscando la sanidad.**

Jesucristo estaba unido perfectamente al Padre, y no se puede concebir que él actuara en contra de la voluntad de Dios.

Esta voluntad no fue siempre agradable, pero Cristo estaba dispuesto a sufrir aun la muerte de la cruz. En Hebreos capítulo 10, después de leer de la insuficiencia de los sacrificios animales, encontramos estas palabras: "Entonces dije: He aquí que vengo . . . Oh Dios, para hacer tu voluntad" (versículo 7). Si él estaba dispuesto a hacer el sacrificio supremo para cumplir la voluntad de su Padre, ciertamente él no iría contra la voluntad de Dios en cosas más pequeñas. En San Juan 6:38 él dice: "Porque he descendido del cielo no para hacer mi voluntad, sino la voluntad del que me envió." En San Juan 8:29, el Señor nos dice: "Yo hago siempre lo que le agrada." Dios mismo testificó de que él estaba muy contento con el trabajo de su Hijo. ¿Haría él esto si Cristo había estado violando su voluntad, sanando a aquellos a quienes no era la voluntad de Dios sanar?

¿A quiénes sanaba Cristo? Miremos otra vez lo que nos dice la Biblia. En San Mateo 8:16 dice: "Y cuando llegó la noche, trajeron a él muchos endemoniados; y con la palabra echó fuera a los demonios **y sanó a todos los enfermos.**" San Mateo 9:35 dice: "Recorría Jesús todas las ciudades y aldeas, enseñando en las sinagogas de ellos, y predicando el evangelio del reino, y sanando **toda enfermedad, y toda dolencia** en el pueblo." En San Mateo 12:15 leemos: "Sabiendo esto Jesús, se apartó de allí; y le siguió mucha gente, **y sanaba a todos.**" Miremos a San Mateo 14:35,36: "Cuando le conocieron los hombres de aquel lugar, enviaron noticia por toda aquella tierra alrededor, y trajeron a él todos los enfermos; y le rogaban que les dejase tocar solamente el borde de su manto; **y todos los que le tocaron, quedaron sanos.**" Hay otros pasajes similares. El hecho es que hay doce citas que declaran que Jesús sanó a **todos** o **cada uno,** y esto mismo es fuertemente insinuado en once pasajes más. Ciertamente, ésto debe ser prueba convincente que Dios quiere sanar. Si no tuviéramos otra prueba de su voluntad, ésta debe ser suficiente.

## CRISTO VINO PARA DESTRUIR LAS OBRAS DEL DIABLO

(2) **Cristo vino para destruir las obras del diablo, y la enfermedad es una de sus obras.** Cuando Dios terminó la obra de la creación, se nos dice: "Y vio Dios todo lo que había hecho, y he aquí que era bueno en gran manera" (Génesis 1:31). El

hombre fue creado a la imagen de Dios y para tener comunión con él. Satanás vino y desfiguro la imagen de Dios en el hombre. El pecado, la enfermedad y la muerte vinieron al mundo por medio de Satanás. Dios no quiere que su imagen esté desfigurada espiritual o físicamente, y así él proveyó una expiación. Jesucristo trajo al mundo de nuevo los beneficios perdidos por medio de la caída. San Juan, el apóstol, nos dice específicamente: "Para esto apareció el Hijo de Dios, para deshacer las obras del diablo" (1 Juan 3:8). Note bien que son **las obras** y no **la obra**. Tanto el pecado como la enfermedad están incluidos. En la Biblia se nos presenta la enfermedad como una condición que no es normal, una condición que debe ser cambiada.

En Los Hechos 10:38 el apóstol Pedro les dice a los que están reunidos en la casa de Cornelio: "Como Dios ungió con el Espíritu Santo y con poder a Jesús de Nazaret, y como éste anduvo haciendo bienes y sanando a todos los oprimidos por el diablo, porque Dios estaba con él." No se les olvide que es el diablo quien oprime, y Cristo es el que vino para ponernos en libertad.

Hay una historia interesante en el pasaje de San Lucas 13 de una mujer que había estado encorvada por 18 años. El Señor la sanó. Entonces lo criticaron los líderes religiosos por cuanto este milagro se había efectuado en un día sábado. En respuesta, Cristo les dijo: "Y a esta hija de Abraham, que Satanás había atado 18 años, ¿no se le debía desatar de esta ligadura en el día de reposo?" (versículo 16). Nótese que ella era **una hija de Abraham**. Jesucristo lo dijo. Habían otros que profesaban ser los hijos de Abraham, pero Jesús les dijo que no lo eran. **(Véase San Juan 8:33-40.)** Ella fue una de las elegidas, pero ligada por un **espíritu de enfermedad**. Cristo, que había venido para proclamar libertad a los cautivos, la libertó de esta deformidad física.

"El postrer enemigo que será destruido es la muerte" (1 Corintios 15:26). Satanás trajo el pecado. El pecado trajo la enfermedad y la muerte. Cristo vino para destruir las obras del diablo, de modo que podemos esperar confiadamente que él sane nuestras enfermedades hoy en día. El ya ha librado a su pueblo de la muerte espiritual, y, al final de cuentas, va a deshacer también la muerte física. ¡Gracias a Dios por nuestro Salvador, quien todo lo vence!

## NO HAY FAVORITISMO CON DIOS

(3) **Cristo dijo expresamente que era su voluntad sanar a una persona. No hay favoritismo con Dios.** Sólo una vez en el Nuevo Testamento hallamos una persona que dudó de la voluntad de Dios para sanar. Fue un leproso que había sido echado de la sociedad. El tenía que guardar su distancia de la demás gente, y cuando se le acercaba, tenía que gritar en voz fuerte: "¡Inmundo! ¡Inmundo!" No tenía nada que lo recomendara ante Cristo. El no tenía nada que ofrecerle— ningún pago, ningún premio. ¿Sería posible que el gran Maestro y Sanador tuviera misericordia de uno que toda la sociedad había rechazado? El no dudada del poder de Jesús para sanar, aunque su enfermedad se consideraba incurable. Pero ¿el Señor le sanaría a él? El leproso decidió hacer la prueba. Se acercó al Maestro. Una multitud le rodeaba. Si el pobre leproso hubiera sido descubierto en medio de la multitud, seguramente le habrían castigado severamente por haber quebrantado la ley de la separación o aislamiento de todos los que tenían esta enfermedad tan detestable. Acercándose al Señor, el leproso lo adoró y le dijo: "Señor, si quieres, puedes limpiarme." Entonces Jesús le extendió la mano y le tocó, diciendo: "Quiero, sé limpio. Y al instante su lepra desapareció" (San Mateo 8:1-3).

El leproso no tenía manera de saber si era la voluntad del Señor sanarle, y por lo tanto se puede justificar su duda. Cuando el Señor dijo: "Quiero, sé limpio", esto terminó el asunto. Ya no tenía más dudas y fue inmediatamente sanado. Somos semejantes a este leproso en alguna forma. No tenemos nada en realidad que ofrecer al Señor; ningún verdadero mérito propio. La limpieza o sanidad del leproso sin embargo no dependía de su mérito, sino de la misma naturaleza del Sanador. Cristo sanaba porque era una parte de su misma naturaleza. El continuamente cumplía la voluntad de su Padre, destruyendo el dolor, la angustia y la miseria que el diablo trajo a este mundo.

¿Hay acaso alguna razón para creer que el Señor estaba dispuesto a sanar aquel leproso pero no quiere sanar a los enfermos hoy en día? La Biblia nos enseña que no hay favoritismo con Dios. Pedro dijo: "En verdad comprendo que Dios no hace acepción de personas" (Los Hechos 10:34). San Pablo confirma esta verdad. "Porque no hay acepción de personas para con Dios" (Romanos 2:11). El apóstol Santiago nos enseña que es pecado hacer acepción de personas (Santiago 2:1-9). Siendo así, si Dios quiere sanar a algunos, él quiere sanar a todos los que vienen a él. Es verdad que no todos son sanados porque no todos cumplen con las condiciones. Dios no quiere que ninguno perezca (2 Pedro 3:9). Sin embargo, los hombres perecen. ¿Por qué? Porque no quieren cumplir con las condiciones que Dios ha puesto. Si Dios estaba dispuesto a sanar al leproso y a miles de otras personas en los días cuando Cristo estaba aquí en la tierra visiblemente; entonces él debe estar dispuesto a sanar ahora. Si no, él demostraría acepción de personas o favoritismo. Esto no podemos creer de nuestro Dios. El leproso no conocía la voluntad de Dios y dudaba. Nosotros conocemos su voluntad. Su voluntad ha sido revelada claramente en su Palabra. No tenemos ningún derecho a dudar lo que él ha revelado.

## DIOS QUIERE DAR COSAS BUENAS

(4) **Como un Padre misericordioso, Dios quiere dar buenas cosas a sus hijos.** El salmista, hablando bajo inspiración divina, nos dice: "Como el padre se compadece de los hijos, se compadece Jehová de los que le temen" (Salmo 103:13). Jesús comparó el amor imperfecto de nuestros padres aquí en la tierra con el amor perfecto de nuestro Padre celestial y dijo: "Pues si vosotros, siendo malos, sabéis dar buenas dádivas a vuestros hijos, ¿cuánto más vuestro Padre que está en los cielos dará buenas cosas a los que le pidan?" (San Mateo 7:11). David escribió: "Aunque mi padre y mi madre me dejaran, con todo Jehová me recogerá" (Salmo 27:10). Dios es un Dios bueno. El apóstol Santiago nos dice: "Toda buena dádiva y todo don perfecto desciende de lo alto, del Padre de las luces, en el cual no hay mudanza, ni sombra de variación" (Santiago 1:17).

¿Puede usted pensar en un cáncer como una buena dádiva que le ha enviado su amante Padre celestial? Si usted fuera un víctima de cáncer y hubiera sufrido sus torturas por mucho tiempo ¡ciertamente usted diría que la sanidad divina sería una dádiva excelente! Lo cierto es que Dios hizo un pacto con sus hijos y estaba dispuesto a quitarles todas sus enfermedades si ellos andaban en sus caminos. Esto ciertamente nos revela que Dios quiere que sus hijos estén bien y con salud. (Véase Exodo 15:26; 23:25 y Deuteronomio 7:12-15.) Dios quiere que disfrutemos de buena salud, espiritual y físicamente, y aun quiere bendecirnos materialmente. El escrito inspirado del apóstol Juan lo declara de esta manera: "Amado, yo deseo que tú seas prosperado en todas las cosas y que tengas salud, así como prospera tu alma" (3 Juan 2).

En el caso de la mujer sirofenicia que vino a Cristo buscando la sanidad para su hija, Cristo se refirió a la sanidad como el "pan de los hijos" (San Marcos 7:27). En otras palabras, es algo que el hijo tiene el derecho de esperar. Lo cierto es, Jesús mismo nos enseñó a orar: "El pan nuestro de cada día, dánoslo hoy" (San Mateo 6:11). Si usted es su hijo, tiene el derecho de pedir al Padre la sanidad y la salud.

## CRISTO REVELADO COMO NUESTRO SANADOR

(5) **Cristo se ha revelado como nuestro Sanador.** Ya hemos hecho referencia al pacto de la sanidad que Dios hizo con su pueblo y la revelación de su nombre Jehová Rapha (Exodo 15:26). En la última cláusula de este versículo, se emplea el tiempo presente. Esto puede traducirse, como el doctor Young lo hace: "Yo el Señor te estoy sanando." Sobre esta materia el doctor A. B. Simpson comenta:

> *Este es el aspecto de la sanidad divina a que el apóstol Pablo da énfasis tan frecuentemente. No es simplemente un hecho o incidente que ocurre de cuando en cuando en la vida, sino que es una vida de constante y habitual dependencia sobre Cristo por el cuerpo; habitando en él momento por momento para nuestras necesidades físicas como también espirituales, y recibiendo su vida de resurrección y la fuerza necesaria para cada paso que demos.*"[2]

No hay mejor médico que el que nos ha hecho y nos ha dado la vida. El ha prometido quitar la **enfermedad** de en medio de su pueblo (Exodo 23:25). El cumplió su promesa (Salmo 105:37). ¡No había en sus tribus un enfermo! El puede y está dispuesto a hacer lo mismo hoy por los que depositan su confianza en él y siguen en sus caminos.

El salmista nos dice que no debemos olvidar ninguno de los beneficios que el Señor nos ofrece. El dice que el Señor perdona todas nuestras iniquidades (pecados) y sana todas nuestras enfermedades (Salmo 103:3). La palabra **todo** es tan inclusiva cuando se refiere a la enfermedad como lo es cuando se refiere a iniquidades. El es el Sanador del cuerpo y alma y puede hacer un trabajo completo. ¡No hay otro como nuestro gran Médico!

Una cosa más se puede notar en el pasaje de Exodo 15:26. Esto no fue una promesa simple o una cosa hecha de un momento a otro. En el versículo 25, después de relatarnos la sanidad de las aguas amargas en Mara, dice: "Allí les dio estatutos y ordenanzas, y allí los probó." Entonces les dio la promesa de sanidad juntamente con algunas condiciones. Nótese que ésta es una ordenanza. Es un pacto con su pueblo, y su Palabra dice: "No olvidaré mi pacto, ni mudaré lo que ha salido de mis labios" (Salmo 89:34). Uno puede tener la plena seguridad de que él cumplirá su parte del pacto.

## CRISTO LLEVO NUESTRAS ENFERMEDADES

(6) **Cristo llevó nuestras enfermedades, por lo tanto no tenemos que llevarlas nosotros.** Ya hemos tratado este asunto en el capítulo cuatro, así que no vamos a ampliarlo más por el momento. Sin embargo, es muy importante tener en cuenta la razón por qué el Señor llevó nuestras enfermedades y nuestros pecados. Fue para que nosotros no tuviéramos que llevarlos. Podemos estar libres de la condenación y del castigo de nuestros pecados por su muerte en el Calvario, y podemos ser sanados aceptando la libertad que él nos compró por su llaga. "Por cuya herida fuisteis sanados" (1 Pedro 2:24).

## JESUCRISTO ES EL MISMO HOY

(7) "Jesucristo es el mismo ayer, y hoy, y por los siglos" (Hebreos 13:8). Ya hemos señalado que Dios es perfecto, y cualquier desviación de la perfección tiene que ser necesariamente hacia la imperfección. Es por eso que nuestro Dios es inmutable. El no cambia. En Santiago 1:7 dice: "Toda buena dádiva y todo don perfecto desciende de lo alto, del Padre de las luces, en el cual no hay mudanza ni sombra de variación." Jesucristo es Dios; él no cambia. Cuando uno duda que Jesucristo sana hoy en día, está poniendo en duda una de dos cosas: o bien su poder o su disposición. La mayor parte de los cristianos no duda del poder del Señor para hacer lo sobrenatural en nuestro día. Entonces, debe ser de su bondad o su voluntad que ellos dudan.

Supongamos que usted sea el padre de un hijo enfermo, un muchacho de unos diez años de edad. Usted escucha al niño hablando con uno de sus amiguitos y él dice: —Yo sé que mi padre me quitaría todo este dolor y mi fiebre. El me sanaría en un minuto si él pudiera hacerlo, pero no puede.

Esto le dolería, pero usted no tendría nada en contra del hijo simplemente porque él duda de su poder. Pero supongamos otra vez que el muchacho dijera: —Yo sé que mi padre tiene poderes especiales y puede sanar toda clase de enfermedad. El me podría quitar todo mi dolor y mi fiebre y hacerme sano en un minuto si él deseara hacerlo, pero temo que él no me quiera lo suficiente, quizás él no quiera que esté sano.

Pero le produciría congoja el pensar que su hijo cree que usted no lo ama lo suficiente como para desear que esté sano. ¡Usted mil veces preferiría que él dudara de su poder y no de su amor! Jesucristo es igual. El es el gran Médico. ¿Duda usted de su poder o de su amor?

Ahora, para hacer un resumen, creemos que es la voluntad de Dios sanar a todos los que vienen a él por la sanidad por cuanto:

(1) Cristo vino para hacer la voluntad de su Padre, y él sanó a todos los que vinieron a él.

(2) Cristo vino para destruir las obras del diablo. Esto abarca el pecado y la enfermedad.

(3) Cristo dijo que era su voluntad sanarnos. No hay acepción de personas con él.

(4) Como un Padre misericordioso, Dios quiere dar cosas buenas' para sus hijos.

(5) El se ha revelado como nuestro Sanador.

(6) El llevó nuestras enfermedades; por lo tanto, no tenemos que llevarlas nosotros.

(7) Jesucristo nunca cambia. El es el mismo ayer, hoy y para siempre.

Basándonos en los hechos arriba expresados, creemos la siguiente declaración de otro autor: "En cuanto a la voluntad básica de nuestro Dios, se puede afirmar que es siempre su voluntad sanar. Por lo tanto, siempre está en orden la petición y el ejercicio de la fe por la sanidad."[3]

*"...para que vuestras oraciones no tengan estorbo"* (1 Pedro 3:7).

## CAPITULO 12

# IMPEDIMENTOS A LA SANIDAD

Dios no quiere que las almas se pierdan. El no quiere que ninguno perezca. Desea que todos se arrepientan y sean salvos (Ezequiel 18:32; 2 Pedro 3:9). El hecho de que muchos sí perecen no quiere decir que Dios no quiere salvar. De la misma manera, Dios quiere sanar a sus hijos, y el hecho de que algunos no reciban su sanidad no quiere decir que él ha cambiado de parecer.

Se nos dice que Tomás Edison hizo millares de experimentos antes de encontrar la manera correcta de producir la luz eléctrica. El hecho de que él fracasó cien veces o mil veces no demostraba que no se podía utilizar la electricidad para producir una luz eficiente. El sacó provecho de sus fracasos y siguió adelante hasta lograr el éxito.

No hay que permitir nunca al enemigo que le haga pensar que debe darse por vencido por cuanto algunos no sanan en respuesta a la oración. La electricidad es una bendición. ¡Me alegro que Edison no se dio por vencido! La sanidad divina y la salud pueden ser llevadas a muchos por medio de nuestras oraciones si tenemos la determinación de no darnos por vencidos.

Ningún médico puede garantizar resultados si el paciente no sigue sus directivas. Dios nos ha dado algunas instrucciones claras en su Palabra para los que desean la sanidad o cualquier respuesta a la oración. Algunos dicen: "Cuando todo lo demás fracasa, lea las direcciones." Esta parece ser la manera en que muchos buscan la sanidad y bendiciones de Dios. ¡Vamos a mirar las direcciones primero!

## IGNORANCIA DE LA PALABRA DE DIOS

**La ignorancia de la Palabra de Dios** es a menudo un impedimento a nuestras oraciones. Uno puede conocer bien la Palabra de Dios en cuanto a la salvación y algunos otros temas, y sin embargo ignorar las promesas de Dios para sanar. Tenemos que saber lo que Dios ha prometido, lo que él quiere hacer, antes de poder tener fe por los resultados deseados. Acuérdese que la fe viene por la Palabra de Dios. Repase las escrituras citadas en los capítulos anteriores de este libro. Estúdielas con cuidado y en su contexto. Aliméntese en la Palabra de Dios y su fe crecerá. No se deje defraudar de una parte de su herencia por no saber lo que el Señor le ha dejado en su testamento.

## DUDANDO LA PALABRA

**El dudar la Palabra** trae derrota. Escuche la comparación que San Pablo hace en Hebreos 4:2: "Porque también a nosotros se nos ha anunciado la buena nueva como a ellos; pero no les aprovechó el oír la palabra, por no ir acompañada de fe en los que la oyeron." Aquí se nos dice claramente que los que oyen el mensaje del evangelio tienen que creer, o de lo contrario el evangelio no les aprovechará. Es el "poder de Dios para salvación a todo aquel que cree" (Romanos 1:16), pero no traerá bendición alguna a los que rechazan el mensaje por su incredulidad. Dios todo lo puede. El es fiel a su Palabra. El siempre dice la verdad. Confíe en él completamente. La incredulidad impidió a los hijos de Israel entrar en la tierra de promisión (Hebreos 3:19). La incredulidad hace a la gente alejarse de Dios (Hebreos 3:12). La incredulidad impide el poder sanador de Cristo (San Mateo 13:58). Los incrédulos irán al infierno (Apocalipsis 21:8).

## MOTIVOS EQUIVOCADOS

**Los motivos equivocados** pueden impedirle a uno recibir la bendición deseada. Santiago dice: "Pedís, y no recibís, porque pedís mal, para gastar en vuestros deleites" (4:3). ¿Por qué quiere usted ser sanado? ¿Es simplemente el deseo de estar libre del dolor y poder gozar más de la vida? ¿Tiene usted un deseo sincero de glorificar a Dios por un testimonio de su poder sanador? ¿Quiere ser un obrero más eficiente para el Señor? ¡Yo dudo que al Señor le interese sanar su pie cojo para que usted pueda bailar mejor, o prolongar una vida dedicada enteramente a los placeres mundanos! El hecho es que deberíamos desear al Sanador más que la sanidad, al que bendice más que la bendición.

## UNA FE EQUIVOCADA

**Una fe equivocada** puede impedir nuestra sanidad. Hay muchos que tienen fe en algún altar particular, o en una capilla o lugar santo. El Señor le dijo a la mujer samaritana que la cosa importante no fue el lugar sino el adorar a Dios en espíritu y en verdad (San Juan 4:19-24). Algunos piensan que si solamente pueden llegar al evangelista que siente el poder de Dios en su mano derecha, o al que puede diagnosticar su enfermedad, serán sanados. Algunos quieren llegar al altar de la imagen de la virgen que llora; otros quieren llegar al evangelista que parece tener el éxito más grande. ¿Qué es lo que no está bien con todo esto? Simplemente que la fe del doliente no está en las promesas de Dios, la provisión de Dios para nuestra sanidad, sino en alguna persona, lugar u objeto.

Tal como es posible tener fe en la fe de otra persona, es también posible tener fe en su propia fe. Una persona llega a creer que si tan sólo puede lograr producir suficiente fe, él recibirá su sanidad. La sanidad será como un premio por haber tenido tanta fe. Esto pondría la sanidad sobre la base de mérito. ¡Nosotros obligaríamos a Dios por nuestra fe tan fuerte! Podemos ver fácilmente que esto no es bíblico. La Biblia enseña que todo lo que recibimos de Dios es por su gracia, ¡aun hasta la fe para la salvación!

## CONFIANDO EN LOS PROPIOS MERITOS

**El confiar en algún mérito** es un camino por donde muchos se desvían. La gente cree que será sanada por lo que es o hace. Somos sanados por **lo que Dios es y lo que él ha hecho.** El es misericordioso, un Padre compasivo quien se deleita en mostrar misericordia a sus hijos (Salmo 103:13; Miqueas 7:18).

## EL PECADO

El pecado es un obstáculo a toda oración. La existencia de la enfermedad en este mundo es un resultado directo del pecado. Esto no quiere decir, sin embargo, que toda enfermedad es un resultado directo de algún pecado. En el caso del hombre nacido ciego, Jesús dijo que éste no fue el resultado de pecado de su parte ni de parte de sus padres (San Juan 9:1-3). Al mismo tiempo, debemos reconocer que algunas veces puede haber una relación directa de causa y efecto entre el pecado y la enfermedad. Cristo dijo al hombre cojo que él encontró y sanó en el estanque de Betesda: "Mira, has sido sanado; no peques más, para que no te venga alguna cosa peor" (San Juan 5:14). En las instrucciones para la oración por los enfermos que nos da Santiago, el agrega: ". . . y si hubiere cometido pecados, le serán perdonados" (Santiago 5:15). Esto parece indicar que el pecado puede ser un factor causante de la enfermedad.

Un espíritu de no perdonar definitivamente impide nuestras oraciones. El Señor lo dice muy claro que si no perdonamos a otros, no podemos esperar ser perdonados (San Mateo 6:14). Prediciendo las bendiciones del reino futuro, el profeta Isaías dice: "No dirá al morador: Estoy enfermo; al pueblo que more en ella le será perdonada la iniquidad" (Isaías 33:24). Primero el perdón, y entonces la sanidad, es la secuencia.

En los días del rey Ezequías había una gran sanidad de multitudes. En 2 Crónicas 30:20 leemos: "Y oyó Jehová a Ezequías, y sanó al pueblo." Había mucha preparación antes de esta bendición. La tierra fue limpiada de su idolatría (2 Reyes 18:4); el templo fue limpiado (2 Crónicas 29:16); y celebraron una gran fiesta de pascua (capítulo 30). Cuando la idolatría y el pecado habían sido quitados, y la gente se había arrepentido y hecho sacrificio al Dios verdadero, vino la sanidad para todos.

Hay tantos pecados que sería imposible dar una lista completa aquí. La falta de armonía entre esposo y esposa puede impedir las oraciones (1 Pedro 3:7). Muchas veces pensamos ¿por qué no hay más manifestaciones del poder de Dios para convencer a nuestra generación tan incrédula? Quizás la palabra del profeta Isaías puede ser aplicada a nosotros: "He aquí que no se ha acortado la mano de Jehová para salvar, ni se ha agravado su oído para oír; pero vuestras iniquidades han hecho división entre vosotros y vuestro Dios, y vuestros pecados han hecho ocultar de vosotros su rostro para no oír" (Isaías 59:1,2). David conocía el pecado y el fracaso. También conocía la bendición del perdón. El hablaba de la experiencia cuando dijo: "Si en mi corazón hubiese yo mirado a la iniquidad, el Señor no me habría escuchado" (Salmo 66:18). La Palabra de Dios declara: "El que encubre sus pecados no prosperará; mas el que los confiesa y se aparta alcanzará misericordia" (Proverbios 28:13).

Es de suma importancia que preparemos nuestro corazón para buscar al Señor para la sanidad, o para cualquiera de sus bendiciones. Cualquier cosa que trae condenación a nuestro corazón nos impedirá apropiarnos de las promesas de Dios. Debemos examinar cuidadosamente nuestras relaciones con nuestro Dios y con nuestros prójimos. ¡El perdón y la limpieza están a nuestro alcance por la gracia infinita de nuestro Señor!

## LA REBELION

**La rebelión** contra la voluntad de Dios es otra cosa que muchas veces impide la sanidad. Por supuesto, toda rebelión contra Dios es pecado. El hecho es que la rebelión es básica a la mayoría de los pecados y es el pecado que causó la caída de Lucifer y sus ángeles. Muchos cristianos testifican del hecho que no podían conseguir la victoria sobre su enfermedad por cuanto no querían hacer lo que Dios les estaba pidiendo. A veces fue simplemente el pedir el perdón de una persona a quien habían hecho mal. A veces fue una rendición completa de su vida a Dios para el ministerio o para servicio misionero. Cuando por fin se rindieron al Señor, recibieron sanidad instantánea. Si queremos lo mejor que Dios tiene para nuestra vida, tenemos que permitirle dirigir nuestros pasos.

## ABUSO DE LAS LEYES DE LA SALUD

**El quebrantamiento de las leyes de la salud** es otro factor que impide nuestra sanidad y salud. Esto ha sido comentado en el capítulo sobre **Causas de la enfermedad**, pero hacemos bien en recordar que todavía somos seres mortales sujetos a las leyes de la naturaleza lo mismo que otras personas. No podemos comer más de lo necesario continuamente, participar de cosas dañinas, dejar de conseguir el descanso que nuestro cuerpo necesita, y esperar que Dios haga una excepción en nuestro caso y nos mantenga fuertes y saludables durante muchos años de servicio para él. Es una lástima que tantos ministros sufren de crisis nerviosas, ataques del corazón y otras enfermedades similares que les incapacitan para el servicio del Señor cuando Dios quiere que estemos con salud y fuertes para que podamos ayudar a otros.

## FALTA DE ORACION Y AYUNO

**La falta de oración y ayuno** puede ser un obstáculo que nos impida la victoria. En San Marcos 9:14-29 tenemos un ejemplo. Los discípulos habían orado por un joven con un espíritu mudo, pero él no fue sanado. Cuando Jesús vino él pudo discernir la causa verdadera. El echó fuera el espíritu malo, y el muchacho fue sanado. Más tarde cuando estaban a solas con el Señor, los discípulos preguntaron por qué no habían podido ellos obtener este éxito. Se les había dado poder para echar fuera demonios y lo habían hecho antes de esto. ¿Por qué, entonces, no podían poner en libertad a este muchacho lunático? Jesús les dijo: "Este género con nada puede salir, sino con oración y ayuno" (versículo 29). Jesús acababa de venir del monte de la transfiguración, una de las experiencias espirituales más grandes que se puede imaginar. El estaba en contacto directo con el Padre. Sin duda había estado en ayuno cuando estaba en la montaña. El estaba preparado.

Debemos aprender de este ejemplo que nuestras gloriosas experiencias espirituales son para prepararnos para confrontaciones con le enemigo. No es extraño que él nos desafíe después de haber experimentado victorias espirituales.

¿Qué diremos del ayuno? ¿Cuál es el objeto de un ayuno? El ayuno es mencionado muchas veces en la Biblia, y parece ser que había diferentes maneras de ayunar. Daniel, un hombre muy amado del Señor, dijo: "Y volví mi rostro a Dios el Señor, buscándole en oración y ruego, en ayuno, cilicio y ceniza. Y oré a Jehová mi Dios e hice confesión. . . ." (Daniel 9:3,4). En otra ocasión él dijo que no comió manjar delicado, ni probó carne ni vino durante tres semanas mientras él estaba enlutado delante del Señor (Daniel 10:2,3). El propósito parece haber sido abstenerse de las actividades acostumbradas para dedicarse completamente a buscar a Dios, con arrepentimiento y humildad. Más tarde parece que el ayuno llegó a ser como un ritualismo. El fariseo que oraba en el templo se jactaba del hecho que él ayunaba dos veces a la semana (San Lucas 18:12). El Señor dijo que había algunos que hipócritamente querían que todo el mundo supiera que estaban de ayuno para que la gente les creyera muy religiosos (San Mateo 6:16-18). Jesús condenó esta práctica pero no condenó el ayuno.

En tiempos de gran crisis y de peligro una nación entera fue llamada a la oración y el ayuno. (Véase 2 Crónicas 20:3; Esdras 8:21; Ester 4:16; Jeremías 36:9; Joel 1:14,15; Jonás 3:5.) No obstante todo esto, el ayuno en sí no agradaba al Señor si la gente no hacía su voluntad. Esto hallamos muy claramente indicado en Isaías 58.

El ayuno y la oración con verdadera humildad y arrepentimiento pueden traer resultados espirituales preciosos. Este es el propósito del ayuno. Cuando quitamos todos los estorbos, Dios puede tener buenas comunicaciones con nosotros. Su presencia sagrada establecerá una diferencia tremenda en nuestro ministerio. ¿Cuánto desea usted oír de parte del Señor? Job dijo: "Guardé las palabras de su boca más que mi comida" (Job 23:12).

Algunos equivocadamente han creído que el ayuno es un sacrificio de parte de nosotros que obliga a Dios a hacer ciertas cosas. Esta es una creencia incierta y peligrosa. No importa lo que hagamos, no podemos nunca hacer que Dios tenga deudas con nosotros. ¡Es imposible! El ayuno es con el fin de acercarse a Dios. Puede ser que señales y maravillas sigan a nuestros ayunos; sin embargo no son el resultado del ayuno mismo sino del hecho de que nosotros estamos más llenos del Espíritu y el poder de Dios.

## FALTA DE DESEO INTENSO

La falta de deseo intenso puede ser la razón por la que muchos no reciben la sanidad. Santiago nos dice: "Mucho puede la súplica ferviente del hombre justo" (Santiago 5:16 Versión Moderna). La palabra ferviente que se emplea aquí es la misma palabra de la cual deriva nuestra palabra fiebre. No debemos pedir la oración simplemente para ver qué acontecerá. Debemos estar completamente convencidos de la voluntad de Dios y desear sinceramente con toda intensidad el milagro que traerá gloria a Dios en nuestra vida.

## MIRANDO LOS SINTOMAS

El prestar atención a los sintomas da a veces como resultado que perdamos la sanidad que debía de haber sido nuestra. Muchas veces la persona enferma siente alivio inmediatamente después de la oración, y cree que está bien. Poco tiempo después algunos de los sintomas antiguos regresan. Entonces la tendencia es pensar: "Bien, parece que no estoy sanado. Yo pensaba que sí, pero ahora siento otra vez los mismos dolores." ¿Qué es lo que pasa? La persona se está llevando por lo que siente y no por la fe; mira los sintomas más bien que a Cristo y a sus promesas. Esto es en realidad un truco de Satanás, para tratar de derrotarnos e impedir que recibamos la bendición que Dios quiere darnos. Nos dice en la Palabra: "Resistid al diablo, y huirá de vosotros" (Santiago 4:7). Hay que resistirle con "la espada del Espíritu, que es la palabra de Dios" (Efesios 6:17). Dígale a Satanás: "Está escrito, por su llaga fui sanado." También debemos comprender que todas las sanidades no son instantáneas, pero no dejan de ser menos reales.

Al poner fin a este capítulo sobre **Impedimentos a la sanidad**, quizás debemos considerar un aspecto más. "Está establecido para los hombres que mueran una sola vez" (Hebreos 9:27). La muerte es el último enemigo que se sujetará a Cristo (1 Corintios 15:26). Nuestros cuerpos físicos todavía son mortales, y por lo tanto sujetos a la muerte. La muerte ha perdido su aguijón para el cristiano (1 Corintios 15:55). Para él no es siempre una tragedia. Debe ser el final glorioso de una vida victoriosa. "Estimada es a los ojos de Jehová la muerte de sus santos" (Salmo 116:15). Llega el momento en que nosotros tenemos que partir de este tabernáculo terrestre. San Pablo hasta anhelaba partir para estar con Cristo. Sin embargo, no hay nada en la Biblia para indicar que la muerte de un hijo de Dios sea el resultado directo de alguna enfermedad incurable.

Un cristiano anciano preguntó a J. Robertson McQuilkin, ex misionero al Japón y ahora presidente de Columbia Bible College: "¿Por qué es que Dios nos deja ponernos viejos y débiles?" Su respuesta fue como sigue:

*Yo le diré mi teoría. Yo creo que en el plan de Dios él ha querido que la fuerza y la hermosura de la juventud sea física, pero la fuerza y la hermosura de la madurez sea espiritual. Perdemos poco a poco la fuerza y hermosura que es temporal para que nos concentremos sobre la fuerza y hermosura que es para siempre. Y de esta manera estaremos ansiosos a dejar la parte temporal de nosotros que se está deteriorando, y anhelar verdaderamente nuestro hogar eternal. Si permaneciésemos siempre jóvenes, fuertes y hermosos, ¡es posible que nunca quisiéramos partir de esta vida! Es triste ver a gente que se esfuerza tan frenéticamente para preservar lo físico, y nunca desarrolla la fuerza y hermosura del espíritu. Al final de cuentas quedan sin ninguna de las dos— débiles y pobres en cuerpo y espíritu.*[1]

En nuestra búsqueda sincera por la salud física, nunca debemos descuidar la única cosa de importancia cuando terminamos nuestra carrera terrenal . . . el bienestar de nuestra alma eterna.

*"...Me fue dado un aguijón en mi carne..." (2 Corintios 12:7)*
*"Ya no bebas agua, sino usa de un poco de vino por causa de tu estómago..." (1 Timoteo 5:23).*

## CAPITULO 13

# EL AGUIJON DE PABLO, EL VINO DE TIMOTEO Y OTROS ASUNTOS

La doctrina de la sanidad divina crea muchas preguntas. Algunas son cuestiones propuestas por creyentes sinceros que simplemente quieren una respuesta clara, algo que fortalezca su fe y disipe sus dudas. Algunas de las preguntas son propuestas por los que se oponen a la doctrina y parece que piensan que hay evidencia clara de las Sagradas Escrituras en contra de la doctrina. En este capítulo deseamos discutir brevemente algunas de las preguntas u objeciones más comunes que se han propuesto.

### EL AGUIJON EN LA CARNE DE PABLO

La narración bíblica del aguijón de Pablo se encuentra en 2 Corintios 12:7-10, y es como sigue:

*Y para que la grandeza de las revelaciones no me exaltase desmedidamente, me fue dado un aguijón en mi carne, un mensajero de Satanás que me abofetee, para que no me enaltezca sobremanera; respecto a lo cual tres veces he rogado al Señor, que lo quite de mí. Y me ha dicho: Bástate mi gracia; porque mi poder se perfecciona en la debilidad. Por tanto, de buena gana me gloriaré más bien en mis debilidades, para que repose sobre mí el poder de Cristo. Por lo cual, por amor a Cristo me gozo en las debilidades, en afrentas, en necesidades, en persecuciones, en angustias; porque cuando soy débil, entonces soy fuerte.*

Muchos creen que este pasaje quiere decir que el apóstol Pablo tenía una enfermedad que el Señor envió para afligirle, que él oró tres veces para que fuera quitada y el Señor le rechazó. Esto, según ellos, demuestra que no podemos esperar la sanidad en algunos casos. Creen que el Señor ha enviado la enfermedad para un fin y que no debemos orar que el Señor la quite. Examinemos algunos de los hechos de este caso.

En primer lugar, notemos bien que no hay prueba ninguna de que el **aguijón** de Pablo haya sido enfermedad física de ninguna clase. Notemos que éste no es el único caso en la Biblia donde se emplea esta expresión. En Números 33:55 leemos: "Y si no echareis a los moradores del país de delante de vosotros, sucederá que los que dejareis de ellos serán por aguijones en vuestros ojos y por espinas en vuestros costados, y os afligirán sobre la tierra en que vosotros habitareis." Josué dijo a los israelitas que si ellos se mezclaban con la gente pagana e idólatra del país, esta gente llegaría a ser "por azote para vuestros costados y por espinas para vuestros ojos" (Josué 23:13). Pablo no dijo que su **aguijón** era una enfermedad. El dijo que fue un **mensajero de Satanás** y aun nos dice por qué esto sucedió. La palabra que aquí se traduce **mensajero** es traducida más de cien veces en el Nuevo Testamento mediante la palabra **ángel**.

Notemos lo que era el trabajo de este ángel de Satanás. Fue para **abofetear** a Pablo. **Abofetear** quiere decir **dar golpe sobre golpe**. En el capítulo anterior de esta misma epístola Pablo nos ha dado una lista larga de las cosas que él había sufrido por causa del evangelio—naufragio, prisiones, peligros de toda descripción, había sido apedreado, golpeado. Estas sin duda fueron algunas de las bofetadas a que se refiere.

¿Por qué es que Pablo tenía que sufrir tanto? En primer lugar, él estaba cosechando lo que había sembrado. El había sido un perseguidor muy celoso de la iglesia, y ahora estaba cosechando. El hecho es que cuando el Señor le pidió a Ananías que fuera para orar por Saulo de Tarso inmediatamente después de la conversión de éste, le dijo: "Yo le mostraré cuánto le es necesario padecer por mi nombre" (Los Hechos 9:16). Segundo, este sufrimiento fue para mantenerle humilde. Dios le había dado a Pablo una abundancia de revelaciones y él fácilmente podría haberse exaltado si no hubiera sido por las humillaciones por las cuales el Señor le hizo pasar. Si usted cree que tiene un **aguijón** en la **carne** que el Señor no quiere quitarle, puede preguntarse: "¿Qué grandes revelaciones de sabiduría y poder divino he tenido yo, qué ministerio tan sobresaliente, que el Señor halla necesario adoptar estas medidas para guardarme humilde?"

En mi opinión, no hay justificación alguna en las Sagradas Escrituras para pensar y decir que el aguijón de Pablo fuera una repugnante enfermedad de los ojos típica de los países orientales. Dios había sanado a Pablo de la ceguera en Damasco. La expresión **aguijón en la carne** fue solamente una ilustración, como ya hemos visto. Como así también fue la declaración que él les hizo a los Gálatas: "Porque os doy testimonio de que si hubieseis podido, os hubierais sacado vuestros propios ojos para dármelos" (Gálatas 4:15). Esto no quería decir que él tenía necesidad de un transplante de ojos, sino simplemente que hubieran hecho cualquier cosa que estuviera a su alcance para ayudarle a Pablo.

Es verdad que en un versículo anterior en el mismo capítulo, Pablo les había dicho: "Pues vosotros sabéis que a causa de una enfermedad del cuerpo os anuncié el evangelio al principio" (versículo 13). La palabra que aquí se traduce **enfermedad** muchas veces es traducida **fragilidad** o **debilidad**. Algunos creen que la primera visita de Pablo a este territorio fue casi inmediatamente después de Listra, donde había sido apedreado y dejado por muerto. El entonces se levantó y continuó predicando en los pueblos de la provincia de Galacia. Si esto es así, es fácil comprender como él hubiera estado débil **al principio**. No hay ninguna indicación de que él continuara débil.

No importa lo que usted crea acerca del aguijón de Pablo, es bueno notar que esto no impidió su fe. En Efeso ". . . . hacía Dios milagros extraordinarios por mano de Pablo" (Los Hechos 19:11). No impidió sus trabajos. ". . . . he trabajado más que todos ellos . . ." (1 Corintios 15:10). No impidió su ministerio. (Lea Romanos 15:17-20.) El aceptó las bofetadas como la voluntad de Dios y aun podía gloriarse en la tribulación.

## EL VINO DE TIMOTEO

Casi todos los borrachos saben que Pablo dijo a Timoteo que debía tomar un poco de vino por causa de su estómago. Puede ser que sea el único versículo de la Biblia que sepan, pero están prontos para citarlo para defender sus acciones.

En muchas partes del mundo hoy en día las aguas no son potables. Muchos de los que han viajado bastante pueden confirmar esto. En los días de Timoteo debe haber sido mucho peor. Esto puede ser la causa de su enfermedad y del consejo de Pablo. Tenemos que reconocer el hecho de que la Biblia condena severamente la borrachera, pero que no prohibe totalmente el uso del vino. Muchos de nosotros creemos que la mejor manera de evitar el peligro de llegar a ser borracho es la abstinencia total de las bebidas embriagantes. Acuérdase que "... usa de un poco de vino por causa de tu estómago" (1 Timoteo 5:23), no quiere decir "¡Toma bastante de las bebidas alcohólicas y destruye tu estómago y tu salud!"

## DOMADORES DE SERPIENTES

En la gran comisión tal como se encuentra en el evangelio de San Marcos, el Señor dijo: "Y estas señales seguirán a los que creen: En mi nombre echarán fuera demonios; hablarán nuevas lenguas; tomarán en las manos serpientes, y si bebieren cosa mortífera, no les hará daño; sobre los enfermos pondrán sus manos, y sanarán" (San Marcos 16:17,18). Algunos han interpretado esto para significar que los creyentes deben buscar oportunidades para levantar serpientes venenosas y así demostrar al mundo el poder del Señor y la eficacia de su propia fe. Puede ser que esta gente sea muy sincera, pero su fe a veces no ha estado a la altura de la ocasión. El resultado ha sido mucha publicidad desfavorable y un descrédito al evangelio.

Nosotros creemos que Pablo demostró el verdadero significado de este pasaje cuando él fue mordido por una serpiente muy venenosa. El la sacudió echándola al fuego y no sufrió ningún efecto dañino. Esta fue una señal muy fehaciente para los que la vieron. No encontramos ningún relato de los cristianos primitivos tratando de probar su fe de esta manera.

Cuando el diablo trató de persuadir a Jesucristo de ir en contra de todas las leyes de la naturaleza y tirarse desde el pináculo del templo, y aun citó las escrituras para justificar tal acción, el Señor le respondió: "Escrito está también: No tentarás al Señor tu Dios" (San Mateo 4:7). Creemos que el tomar a las serpientes en las manos caería en la misma categoría de tentar a Dios. No tenemos conocimiento de nadie que tome veneno para demostrar su fe, y sin embargo, esto se menciona en el mismo versículo.

Quizás la confrontación con las serpientes pueda tener un significado simbólico. Satanás ha sido llamado "la serpiente antigua que es el diablo" (Apocalipsis 20:2). Cuando Jesús envió a los setenta a predicar, él les dijo: "He aquí os doy potestad de hollar serpientes y escorpiones, y sobre toda fuerza del enemigo, y nada os dañará" (San Lucas 10:19).

### ¿SANA EL DIABLO?

Muchos se hallan perplejos por las sanidades que no se hacen en el nombre de Cristo ni para honrarle a él. ¿Cómo podemos explicar las sanidades alegadas (sin duda algunas son verdaderas) por la Ciencia Cristiana, los espiritistas, y otros cultos?

Ya hemos notado que muchas enfermedades son inducidas psicosomáticamente. Por consiguiente, un cambio de actitud hacia la aflicción podría traer alivio y sanidad. Esto sería igual en muchos casos a las sanidades **por la fe.** La fe no tendría que tener nada que ver con Jesucristo. Podría ser la fe en casi cualquier cosa.

Hay otro aspecto, sin embargo, que se puede considerar. Si el diablo puede afligir a la gente (y la Biblia enseña claramente que él sí puede) él puede tan fácilmente dejar de afligirles si es para su ventaja hacerlo. Si él puede lograr que la gente se desvíe del camino de Cristo por causa de algo que aparenta ser una sanidad sobrenatural, él está pronto para hacerlo. El ciertamente no quisiera ver a una persona sanada para servir y glorificar a Cristo más de lo que ha hecho antes. Es por eso que él resiste tan persistentemente todos los esfuerzos para que uno reciba la sanidad genuina de parte de Cristo.

### ¿POR QUE NO SE SANAN TODOS?

Esta es quizás la pregunta que se hace con más frecuencia, y quizás la más difícil para contestar. Jesucristo sanaba a todos los enfermos que venían a él buscando la sanidad. Sin embargo, él no andaba sanando a todo el mundo si pedían la sanidad o no. El sanó a un hombre en el estanque de Betesda, pero evidentemente dejó a los otros con sus enfermedades.

(Véase San Juan 5:1-13.) En algunos casos parece ser que todos los enfermos que fueron a los discípulos de Cristo eran sanados (Los Hechos 5:14-16). ¿Por qué algunos no se sanan hoy?

En el capítulo sobre los obstáculos a la sanidad hemos demostrado que hay muchas cosas que pueden impedir las respuestas a nuestras oraciones. En algunos casos puede ser fácil discernir las razones, pero en otros casos es más difícil, si no imposible, hacerlo. Puede haber motivos equivocados, la fe mal puesta, o el pecado en la vida que impida nuestras oraciones y nos prive de recibir la bendición que el Señor quiere darnos.

En algunos casos el que busca la sanidad quiere un milagro instantáneo y no solamente una sanidad sobrenatural. Si la sanidad no viene al instante, él cree que su oración no ha sido contestada y pierde su fe. Se ha dicho con mucho acierto: "El hecho de que Dios demora no significa que él nos ha negado." Considere cuánto tiempo Abraham creía a Dios, antes de recibir la respuesta. Daniel oraba y el Señor le oyó al principio, pero tres semanas pasaron antes de recibir la respuesta (Daniel 10:13).

Parece ser que algunas veces hay un tiempo especial para recibir la sanidad cuando traerá más gloria a Dios. El hombre nacido ciego (San Juan 9) fue sanado, "para que las obras de Dios se manifiesten en él" (versículo 3). Sin embargo, él padecía la ceguera por muchos años antes de llegar finalmente su día de liberación. Si Jesús hubiese ido inmediatamente a Betania y sanado a Lázaro de su enfermedad, no sería un milagro que pudiera compararse con el levantarle de los muertos.

Si Dios ha permitido que alguna enfermedad venga sobre nosotros para enseñarnos una lección, entonces la enfermedad no debe ser quitada hasta que hayamos aprendido aquella lección. El Salmista dijo: "Bueno me es haber sido humillado, para que aprenda tus estatutos" (Salmo 119:71).

¿Por qué no elige Dios sanar a algunos? No podemos explicar; pero tenemos que admitir, en el análisis final que Dios es soberano y sus métodos siempre son los mejores. Cuando lloramos la partida para el hogar celestial de algún ser muy querido, generalmente estamos lamentando más nuestra pérdida que la ganancia de él. Pero terminar nuestra carrera con gozo y entrar en las bendiciones preparadas para los fieles, es un gran triunfo y motivo de regocijo.

Es verdad que algunos cristianos imposibilitados dan testimonio de Cristo más que algunos otros que están fuertes y sanos. Sin embargo, creemos que es la voluntad de Dios en general que todos sus hijos estén bien y saludables.

## TROFIMO DEJADO ENFERMO

Trófimo fue un compañero de viaje de Pablo. El le acompañaba en su último viaje a Jerusalén. El no era judío, sino un prosélito de Efeso. Mucho más tarde Pablo escribió a Timoteo lo que probablemente fue su última epístola. El le contó de algunos que le habían abandonado, y de otros que estaban trabajando en diferentes lugares. Y entonces agregó: "A Trófimo dejé en Mileto enfermo" (1 Timoteo 4:20).

Algunos emplean este versículo para decir que no podemos esperar siempre ser sanados. Ellos dicen: "Aún el apóstol Pablo no podía sanar a Trófimo." Por supuesto Pablo no podía sanarle porque él no era el sanador. Tenía que ser la obra de Jesucristo. No sabemos qué estorbo puede haber habido en el caso de Trófimo para impedirle recibir la sanidad en la ocasión mencionada.

Tenga presente, sin embargo, que aunque él estaba enfermo cuando Pablo escribió su carta, esto no quiere decir que él no fue sanado nunca, que el Señor había rehusado sanarle, o que él quedó inválido sin esperanza por el resto de su vida.

Epafrodito fue otro de los compañeros de trabajo del apóstol Pablo. En Filipenses 2:25-30 encontramos que él se enfermó y que estaba al punto de la muerte, pero el Señor le levantó. Puesto que nos dice que él ministró a las necesidades de Pablo (versículo 25), y "por la obra de Cristo estuvo próximo a la muerte, exponiendo su vida para suplir lo que faltaba en vuestro servicio por mí" (versículo 30), algunos creen que el mucho trabajo fue la causa de su enfermedad. Dios tuvo misericordia y le restauró en respuesta a la oración. Esto nos debe demostrar que no importa cuán digno sea nuestro trabajo, es posible trabajar con exceso y quedar incapacitados. Muchos pastores, misioneros y evangelistas han aprendido esta lección por la dura experiencia. Necesitamos usar la inteligencia que el Señor nos ha dado en el cuidado de nuestros cuerpos, los templos del Espíritu Santo.

## RETENIENDO SU SANIDAD

¿Es posible ser verdaderamente sanado por el poder divino y entonces perder la sanidad? No sólo es posible, sino que esto acontece con frecuencia. Después de sanar al cojo que había sufrido por 38 años, el Señor le hizo esta advertencia: "Mira, has sido sanado; no peques más, para que no te venga alguna cosa peor (San Juan 5:14).

El regreso de los síntomas de la enfermedad que uno haya padecido es uno de los trucos que el enemigo utiliza con frecuencia para causar la duda que a su vez puede significar la pérdida de la sanidad. La bendición que se recibe por la fe debe ser mantenida por la fe. Siga creyendo y alabando a Dios por la victoria. El enemigo tendrá que huir cuando usted se ponga firmemente sobre las promesas de Dios. Hágale saber que usted pertenece a Cristo. Usted es la propiedad de Dios, y él no tiene el derecho de violar los deseos de su dueño. Demándele que él salga en el nombre de Jesús.

No deje de dar gloria a Dios por la sanidad. Algunos no han dado a Dios el crédito que él merece y han perdido la sanidad. Ciertamente él es digno. Démosle toda la gloria que se le debe. ¡Vamos a confesarle delante de los hombres, confesarle como nuestro Salvador, Sanador y el Señor de nuestra vida! Este es el camino no solamente a la sanidad divina sino a la salud divina que es aún mejor.

*"Señor, aun los demonios se nos sujetan en tu nombre"* (San Lucas 10:17).

# CAPITULO 14

# LIBERACION DEL PODER DE LOS DEMONIOS

En los últimos años ha habido un aumento tremendo de interés en el asunto de Satanás, demonios, hechicería y lo oculto. El libro **El exorcista**, y la película que se hizo de este libro, han conmovido grandemente la imaginación del público. Muchos teólogos que han ignorado deliberadamente la enseñanza bíblica sobre el asunto de los demonios, ahora se ven obligados a mirar el asunto de nuevo. Esto está completamente de acuerdo con la profecía de San Pablo: "Pero el Espíritu dice claramente que en los postreros tiempos algunos apostatarán de la fe, escuchando a espíritus engañadores y a doctrinas de demonios" (1 Timoteo 4:1). El alcance de este libro no nos permite un estudio profundo sobre este asunto, pero trataremos de presentar el papel de los poderes demoníacos en las enfermedades físicas y la provisión que hizo el Señor Jesucristo para una liberación completa.

## ¿QUE ES UN DEMONIO?

La palabra griega **daimon** se utilizó en los escritos clásicos refiriéndose a un dios o un poder divino, pero en el Nuevo Testamento siempre se emplea en un sentido malo, como refiriéndose a un espíritu malo. Cuando se emplea la palabra **diablo** en el singular, se refiere solamente a Satanás. Cuando se usa en el plural, **diablos**, quiere decir **demonios**. Vemos entonces que los demonios son espíritus malos que están aliados con Satanás, ayudándole en su obra de rebelión contra Dios.

La Biblia no nos dice exactamente dónde y cuándo los demonios tuvieron su origen. Algunos creen que son espíritus sin cuerpo de una raza pre-adánica que se afiliaron a Satanás, Lucero, antes de su caída. Otros piensan que son ángeles caídos que fueron echados del cielo con Satanás cuando él cayó. Ambas teorías tienen algo de evidencia para apoyarlas, pero no lo suficiente como para ser conclusiva o para que uno sea dogmático sobre el asunto. El origen exacto no es tan importante como lo es su naturaleza, sus actividades y cómo vencerlos.

En la Biblia se mencionan muchas clases de espíritus malos: espíritus mentirosos (1 Reyes 22:21,22); espíritu de celos (Números 5:14); espíritus engañadores (1 Timoteo 4:1); espíritu mudo y sordo (San Marcos 9:25); espíritus de enfermedad (San Lucas 13:10-17); espíritus inmundos (San Marcos 1:23); y otros más. El Señor no tuvo a bien darnos una lista completa de los demonios con sus categorías y descripción de su trabajo. El simplemente dijo a sus seguidores: "He aquí os doy potestad... sobre **toda fuerza del enemigo**, y nada os dañará" (San Lucas 10:19). "Como seres del espíritu, los demonios son inteligentes, viciosos, inmundos y con poder para afligir a los hombres con daño físico y moral, y contaminación espiritual."[1] Sin embargo, el Señor nos dice claramente que no tenemos por qué temerlos, porque en Cristo somos "más que vencedores."

## ACTIVIDADES DE LOS DEMONIOS

Parece ser que los demonios tienen un deseo para matar o destruir. El hombre que trajo a su hijo poseído de un demonio al Señor, le contó cómo el muchacho muchas veces caía en el agua o en el fuego. Evidentemente el demonio estaba tratando de darle muerte. Jesús echó fuera el demonio y puso al muchacho en libertad (San Mateo 17:14-18). El diablo ata (San Lucas 13:16). Cristo vino para proclamar libertad a los que están atados (San Lucas 4:18). Jesús dijo: "El ladrón no viene sino para hurtar y matar y destruir; yo he venido para que tengan vida, y para que la tengan en abundancia" (San Juan 1:1-3; Colosenses 1:16). Al diablo se le llama Apolion (que quiere decir **destructor**) (Apocalipsis 9:11). La paga del pecado es la muerte, mas el don de Dios es vida (Romanos 6:23). Muchos de los homicidios tan insensatos que leemos en los periódicos sin duda alguna son inspirados por demonios. Esto es verdad también de muchos suicidios. La enfermedad trae la muerte, y la muerte es enemiga (1 Corintios 15:26). Por lo tanto no es sorprendente descubrir que los demonios aflijan a la gente con toda clase de enfermedad y malestar.

Esto no quiere decir que cada vez que una persona se enferme, tiene demonios y que se debe echarlos fuera. Quiere decir que el pecado y Satanás tienen la culpa del origen de la enfermedad, los mismos microbios que producen la enfermedad. El diablo todavía se regocija en afligir a la gente hoy en día, pero su poder es limitado y el cristiano genuino no tiene necesidad de temerle a él ni a sus secuaces.

Aunque parezca extraño, los demonios también pueden producir lo que aparentan ser milagros de sanidad. En 2 Tesalonicenses 2:9, se nos dice que la venida del Anticristo será ". . . por obra de Satanás, con gran poder y señales y prodigios mentirosos." En Apocalipsis 16:14 leemos de ". . . espíritus de demonios que hacen señales." Hablando del tiempo inmediatamente antes del regreso de Cristo, el Señor dijo: "Porque se levantarán falsos Cristos, y falsos profetas, y harán grandes señales y prodigios, de tal manera que engañarán, si fuere posible, aun a los escogidos" (San Mateo 24:24). El Falso Profeta que va a engañar a la gente y hacerles seguir al Anticristo, será un obrador de milagros (Apocalipsis 19:20).

El Señor nos ha prevenido: "No todo el que me dice: Señor, Señor, entrará en el reino de los cielos, sino el que hace la voluntad de mi Padre que está en los cielos. Muchos me dirán en aquel día: Señor, Señor, ¿no profetizamos en tu nombre, y en tu nombre echamos fuera demonios, y en tu nombre hicimos muchos milagros? Y entonces les declararé: Nunca os conocí; apartaos de mí, hacedores de maldad" (San Mateo 7:21-23). Este pasaje nos indica claramente que habrán algunos que utilizarán el nombre de Jesucristo para hacer maravillas, exorcismo, y dichos proféticos, pero ellos mismos son **hacedores de maldad**. En los ritos mágicos, el espiritismo y otras prácticas ocultas, se emplea frecuentemente el nombre de Jesús. Algunas veces se utilizan los nombres de la Trinidad. Pero Jesús dijo: "Por los frutos los conoceréis" (San Mateo 7:20).

Si los demonios pueden afligir a la gente y causar la enfermedad y malestar, pueden también dejar de afligirles cuando les conviene hacerlo. Esto puede explicar muchas de las curaciones alegadas del espiritismo, la Ciencia Cristiana, los adoradores de Satanás, y otros grupos no-cristianos. El apóstol Juan nos dice que no debemos creer a todo espíritu, sino que debemos probar los espíritus para ver si son de Dios (1 Juan 4:1). No todas las cosas sobrenaturales vienen de Dios.

Cuando hay una falsificación es que hay una cosa genuina. Los poderes que los ocultistas buscan y reclaman son principalmente falsificaciones de los dones del Espíritu que el Señor dio a su iglesia. Si estos dones se manifestaran hoy en la iglesia en la manera y amplitud que Dios se propuso, no habría necesidad de que la gente que busca la realidad recurriese al ocultismo para encontrar alguna manifestación sobrenatural.

La obra o actividades de los demonios muchas veces se dividen en dos categorías: (1) opresión de demonios, y (2) posesión de demonios. Esto parece ser un orden progresivo. Algunos agregan la categoría de depresión demoníaca.

**La opresión de demonios** es lo más común y puede afectar no sólo al que no es creyente sino también al cristiano descuidado. Aunque se ha hecho provisión para nuestra libertad perfecta, y el precio de nuestra redención ha sido pagado, el diablo y sus agentes pasan los límites de la propiedad de Dios en cualquier oportunidad que tengan para hacerlo. La Palabra de Dios enseña que uno que es nacido de Dios no practica el pecado, y que se guarda y que el enemigo no puede tocarle (1 Juan 5:18). Esto nos indica que si un cristiano se descuida y permite el pecado en su vida, está dejando una puerta abierta para la entrada del diablo. Satanás siempre está tratando de procurar nuestra caída y lo hará si no le resistimos activamente con "la espada del espíritu que es la palabra de Dios" (Efesios 6:17). El enemigo de nuestras almas emplea muchos medios para oprimir y tratar de desanimar al cristiano. Pruebas, dificultades, oposición y aflicciones físicas son algunos de sus métodos. Se dice de la mujer que tenía un espíritu de enfermedad, andaba encorvada y no podía enderezarse por 18 años, que ella había sido atada por Satanás (San Lucas 13:16). ¡Gracias a Dios que hay victoria sobre todo poder maligno por la obra consumada de Jesucristo!

**La posesión de demonios** en el Nuevo Testamento consiste a veces en tener un espíritu o un demonio, o demonios, o tener un espíritu inmundo. Muchas veces a los que padecían una enfermedad física o mental se les decía **endemoniados (daimonizomenoi)**. En la posesión de demonios, el demonio, o los demonios, residen en el individuo, y ejercen sobre él dominio. Esto puede a veces resultar en la pérdida completa de su juicio (San Mateo 17:15-18; San Marcos 5:5; San Lucas 8:35). A veces el individuo puede tener poderes extraordinarios (Los Hechos 16:16-18; 19:16). El puede tener conocimiento de cosas y hablar de cosas que humanamente hablando serían imposibles que él conociera (San Marcos 1:24,34). Bajo la posesión de demonios algunos endemoniados permanecen dóciles y apacibles, mientras que otros se ponen violentos y hasta peligrosos (San Mateo 8:28).

Esta posesión demoníaca es la falsificación o imitación fraudulenta de la experiencia de ser lleno del Espíritu de Dios, el Santo Espíritu. Un cristiano debe tener poderes extraordinarios cuando está completamente lleno del Espíritu de Dios. Mire las hazañas de Sansón y de otros cuando "el Espíritu del Señor vino sobre ellos". ¿Por qué es que hablamos tanto acerca de posesión de demonios y tan poco acerca de estar totalmente llenos del Espíritu Santo?

El número de demonios que pueden habitar en un cuerpo parece ser de uno hasta una legión. En San Marcos 1:23 hallamos un espíritu inmundo en un hombre. Jesús echó siete demonios de María Magdalena (San Lucas 8:2). El endemoniado gadareno declaró que su nombre era **Legión**. Esto puede significar hasta 6.000. Había suficiente para entrar en 2.000 puercos. (Véase San Lucas 8:26-33; San Marcos 5:1-13.)

Mucha posesión de demonios es voluntaria. Hay muchas personas que quieren alcanzar sus propios fines y están dispuestas a hacer un pacto con el diablo mismo si es que esto les puede conseguir lo que ellos desean. En tierras donde las religiones y prácticas paganas prevalecen todavía, hay mucha adoración de los demonios, y los devotos buscan sinceramente ser llenos con el poder de demonios. Una vez se nos dio un libro que había sido de algún creyente recientemente convertido, y este libro llevaba por título **El libro del mismo diablo**. Este libro daba en detalles lo que uno debía de hacer para tener el poder del diablo. Había una advertencia al principio del libro en el sentido de que el asunto era bastante serio y no se debía jugar con él.

## PODER DE DEMONIOS ¿SUPERSTICION O REALIDAD?

Hay algunos cristianos que dudan de la existencia de los demonios hoy en día, y piensan que la creencia en demonios es solamente un vestigio que queda de superstición pagana. Hay otros que se preguntan sinceramente: "Si es que los demonios realmente existen ¿por qué tenemos tan pocos en nuestro país?" El doctor John L. Nevius fue un misionero presbiteriano a la China en el siglo XIX. Cuando él llegó a aquel país, oyó hablar mucho acerca de demonios. El decidió que alguien debía de poner fin a estas ideas supersticiosas y demostrar conclusivamente que todas estas historias eran falsas. El empezó a juntar la evidencia necesaria para escribir un libro sobre la materia. No demoró mucho en encontrar que había demasiada evidencia para echar a un lado. El resultado de su investigación concienzuda fue un libro que por mucho tiempo se ha considerado uno de los mejores sobre esta materia de la demonología. El y sus compañeros misioneros no solamente descubrieron la realidad de los demonios, sino también cómo echarles fuera por la oración y la Palabra de Dios.[2] En 1960 la Prensa Moody publicó una colección de incidentes de alrededor del mundo, y lo llamaron **Experiencias con los demonios en muchas tierras (Demon Experiences in Many Lands)**.[3] Estas experiencias muy variadas y a veces espantosas se recogieron de fuentes dignas de toda confianza y ciertamente apoyan al hecho de que hay poder de demonios en el mundo hoy en día.

¿Por qué es que ha habido tan relativamente pocos casos en los Estados Unidos, mientras parecen abundar en algunos partes del mundo? Se ha calculado que hay unos 175 millones de animistas en el mundo. Los **animistas** se pueden definir sencillamente como **adoradores de espíritus**. Ellos creen que hay espíritus malos y espíritus buenos por todas partes, y que aun los objetos inanimados pueden tener espíritus. Su religión es una religión de temor. Siempre tienen que tratar de aplacar a los espíritus malos, porque los espíritus buenos no les harán ningún daño. Esto los conduce a la adoración de los demonios y a manifestaciones de poderes demoníacos.

Ha sido mi observación que donde hay conocimiento bien diseminado y respeto por la Palabra de Dios, hay menos manifestaciones de demonios. Ha habido relativamente poco animismo en nuestro país, y una reverencia por la Palabra de Dios bastante general. Sin embargo, ahora que la gente está rechazando las normas de la Biblia y se está volviendo a muchas religiones y prácticas paganas, hay un aumento tremendo de interés en todas formas de ocultismo, con el resultado de que hay mucha más actividad demoníaca en nuestro día que jamás antes en la historia de este país. Necesitamos estar al tanto de esto y preparados para librar batalla con el enemigo.

No creemos que un cristiano lleno del Espíritu de Dios puede ser poseído por demonios. No podemos servir a dos maestros. Las tinieblas no tienen comunión con la luz. Las tinieblas no pueden vencer a la luz. Los demonios pueden oprimir y afligir, tentar, y tratar de desanimar, y por otros medios impedir la obra de Dios en la vida de los hombres, pero acuérdese siempre: ". . . mayor es él que está en vosotros, que él que está en el mundo" (1 Juan 4:4).

## ¿COMO PUEDE UNO SER LIBRADO DE PODERES DEMONIACOS?

Acuérdese siempre que el Señor ha prometido que los que creen en él echarán fuera demonios (San Marcos 16:17). También nos ha dado poder sobre diablo, y nada nos dañará (San Lucas 10:19). Satanás es un enemigo ya derrotado.

A veces el don de discernimiento de espíritus puede ser utilizado para poner a descubierto la obra de poderes demoníacos. Otras veces estos poderes estarán muy evidentes sin ninguna revelación sobrenatural.

Jesucristo es nuestro mejor ejemplo de cómo tratar con estos poderes satánicos. El es el hombre **más fuerte** que puede ligar todo agente de Satanás. En San Mateo 8:16 leemos: "Y cuando llegó la noche, trajeron a él muchos endemoniados; y con la palabra echó fuera a los demonios, y sanó a todos los enfermos."

Otros ejemplos de Jesús echando fuera demonios se hallan en: San Mateo 9:32,33, un espíritu mudo; San Mateo 12:22, un espíritu mudo y ciego; San Marcos 1:23-27 y San Lucas 4:33-36, un espíritu inmundo; San Marcos 5:1-14, el endemoniado gadareno que estaba poseído de un espíritu inmundo; San Marcos 9:17-27, el muchacho que tenía un espíritu mudo que producía ataques como de epilepsia; y San Marcos 1:39, sin especificar lugar, pero por toda la provincia de Galilea.

La palabra de autoridad de Jesús fue reconocida aun por los mismos demonios. Su Palabra todavía tiene autoridad y él nos ha dado el uso de ella. El dijo que él haría todo lo que pidiéramos en su nombre (San Juan 14:13). Jesús les prometió a sus seguidores el poder para echar fuera demonios (San Mateo 10:8; San Marcos 3:15; 16:17; San Lucas 9:1; 10:19).

Sus seguidores ejercitaron este poder con éxito (San Marcos 6:13; San Lucas 10:17; Los Hechos 5:16; 8:7,8; 16:18; 19:11,12).

El Espíritu Santo ungió a Jesús con poder para sanar a los enfermos y a todos los oprimidos del diablo (Los Hechos 10:38). El mismo poder del Espíritu Santo fue enviado a la iglesia del Señor para permanecer para siempre (San Juan 14:16). Mientras el Espíritu Santo quede con nosotros, ¿no hará él la misma clase de obras que él hacía para Cristo y para los discípulos?

La Palabra de Dios, el nombre de Jesús y el poder del Espíritu Santo es todo lo que necesitamos para poder echar fuera los espíritus malignos y traer libertad gloriosa a los que han sido esclavos de Satanás.

La Palabra de Dios nos dice que podemos conocer una doctrina por su fruto (San Mateo 7:20). Uno de los casos más espectaculares, más conocidos y mejor atestiguados de posesión demoníaca ocurrió en el mes de julio de 1953 en la Prisión Bilibid, de Manila, Filipinas. Lester Sumrall cuenta la historia en su libro **La historia verdadera de Clarita Villanueva (The True Story of Clarita Villanueva).**[4] El caso fue muy publicado, y muchos médicos y profesores de medicina examinaron a la joven. Fue un caso innegable de poder de demonios. Cuando ella fue libertada en respuesta a la oración de fe, este hecho asombroso también recibió mucha publicidad. Poco después se consiguió permiso para celebrar una campaña evangelística grande en la cual se hacía énfasis sobre la oración por los enfermos. El resultado fue que miles de personas reconocieron a Cristo como su Salvador. Se construyó una iglesia grande (con cabida para unas 3.000 personas) en Manila, y un espíritu de avivamiento se esparció a muchas otras partes de las islas.

Ya es tiempo de que los que siguen al Señor Jesucristo se levanten y resistan al diablo y ejerzan sobre él y sus seguidores la autoridad que nos ha provisto nuestro Señor. Así podemos continuar la obra que Jesús dijo que el Espíritu le había ungido para realizar: traer libertad a los cautivos y poner en libertad a los que están atados y oprimidos por el enemigo de nuestras almas, ese gran engañador, Satanás.

*"Y le seguía gran multitud, porque veían las señales que hacía en los enfermos" (San Juan 6:2).*

## CAPITULO 15

# LA SANIDAD Y EL EVANGELISMO

Es un hecho innegable que el Señor Jesucristo ocupó la mayor parte de su vida ejerciendo un ministerio en favor de los enfermos. De acuerdo con el testimonio de San Mateo sabemos que: "Recorría Jesús todas las ciudades y aldeas, enseñando en las sinagogas de ellos, y predicando el evangelio del reino, y sanando toda enfermedad y toda dolencia en el pueblo" (San Mateo 9:35). No existe documento alguno que testifique que Jesús haya prescrito alguna medicina o haya utilizado alguna materia milagrosa para lograr las sanidades. Fue realizada por fe y por el poder del Espíritu Santo.

Su ministerio estaba en gran demanda porque él suplía las necesidades de la humanidad. Multitudes le seguían. Muchos venían en búsqueda de sanidad. Indudablemente, otros venían por curiosidad, esperando presenciar el poder sobrenatural de sanidad. Antes de criticar a los que creen que es necesario dar énfasis a la sanidad divina en las campañas evangelísticas, sería bueno examinar de nuevo el ministerio de nuestro Señor Jesucristo.

### LA SANIDAD Y EL EVANGELISMO EN LOS EVANGELIOS

La iglesia de nuestro Señor Jesucristo tiene un ministerio múltiple, a saber: (1) hacia el Señor, (2) hacia los perdidos, y (3) hacia los creyentes. Jesús vino al mundo a "buscar lo que se había perdido" (San Lucas 19:10). El nos ha enviado a nosotros con la misma misión (San Juan 20:21). Si es que hemos de llevar a cabo el último mandato de nuestro Señor, de predicar el evangelio a toda criatura, entonces el evangelismo en masa es esencial. Como un escritor expresó: "La comunicación masiva del evangelio es absolutamente esencial para cualquier plan realista de evangelización mundial."¹ Se ha dicho que la iglesia primitiva llegó más cerca que cualquier otra a evangelizar el mundo de su generación. Si esto es verdad, sería bueno examinar detenidamente los métodos empleados.

Observando el ejemplo del ministerio de Jesús, notamos, como ya mencionamos, que una gran parte de su ministerio estaba dedicado a la sanidad de los enfermos. A veces, tanto él como sus discípulos estaban tan atareados que apenas podían hallar el tiempo para comer. (Véase San Marcos 3:20; 6:31.) Sabemos que grandes multitudes se allegaban al Señor. ¿Qué los atraía? "Veían las señales que hacía en los enfermos" (San Juan 6:2). Todo el mundo se interesa por la salud. Ricos o pobres, jóvenes o viejos, educados o ignorantes, todos quieren gozar de buena salud. Es muy fácil atraer a una multitud cuando el poder sobrenatural de Dios está obrando y sanando a los enfermos.

Los milagros de sanidad no solamente atraían a las multitudes, sino que las convencieron también del origen divino de Cristo, y por consiguiente, de la veracidad de su mensaje. Nicodemo dijo claramente: "Rabí, sabemos que has venido de Dios como maestro; porque nadie puede hacer estas señales que tú haces, si no está Dios con él" (San Juan 3:2). También leemos en San Juan 2:23, ". . . muchos creyeron en su nombre, viendo las señales que hacía." Un autor contemporáneo escribe: "Un solo ejemplo público de la sanidad de un ciego puede decir mucho más a las multitudes que una biblioteca de libros acerca de la sanidad divina."²

Si es que hemos de proclamar el evangelio por el mundo entero, necesitamos definitivamente algo que atraiga y convenza a las multiudes. La sanidad divina es el medio más eficaz para este fin. La obra de Dios tiene que ser hecha de acuerdo a la voluntad de Dios y con el poder de Dios. Esta es la única manera de conseguir el verdadero éxito.

En los capítulos anteriores hemos señalado que el ministerio de la sanidad divina no fue limitado al período del ministerio terrenal de nuestro Señor. El impartió ese mismo poder a los doce cuando los envió para evangelizar. Les dijo: "Sanad a los enfermos, limpiad leprosos, resucitad muertos, echad fuera demonios . . . " (San Mateo 10:8). En el evangelio según San Lucas leemos: "Habiendo reunido a sus doce discípulos, les dio poder y autoridad sobre todos los demonios, y para sanar enfermedades. Y los envió a predicar el reino de Dios, y a sanar a los enfermos" (San Lucas 9:1,2). Después envió a los 70 discípulos y les ordenó específicamente que sanaran a los enfermos (San Lucas 10:9).

En ambas ocasiones se trataba de personas que habían estado bajo el ministerio y la enseñanza directa de Jesús. Sin embargo, no debemos pensar que tal poder es limitado a los pocos que tuvieron contacto personal con Jesús durante su ministerio en la tierra. Antes de su ascensión, el Señor dio su orden de evangelizar a todo el mundo—la gran comisión. El dijo: "Estas señales seguirán a los que creen: en mi nombre echarán fuera demonios, . . . sobre los enfermos pondrán sus manos, y sanarán" (San Marcos 16:17,18). Este ministerio, entonces, está al alcance de todo creyente.

## LA SANIDAD Y LA EVANGELIZACION EN LA IGLESIA PRIMITIVA

Esteban no era un **ministro ordenado**. Fue escogido para encargarse de unas actividades menos atractivas de la iglesia. Tenía el cargo de cuidar a los pobres y a las viudas. Sin embargo, fue el primero escogido entre los siete diáconos, y se decía de él que era "un varón lleno de fe y del Espíritu Santo" (Los Hechos 6:5). Era un creyente. ¿El resultado? "Y Esteban, lleno de gracia y de poder, hacía grandes señales y prodigios entre el pueblo" (Los Hechos 6:8).

Felipe era otro de los siete diáconos. Cuando la iglesia se dispersó por causa de la persecución, Felipe fue a Samaria y comenzó a predicar el evangelio. No sabemos si sus sermones eran elocuentes y lógicos o no, pero sabemos que tuvo grandes resultados. ¿Por qué? "Y la gente, unánime, escuchaba atentamente las cosas que decía Felipe, oyendo y viendo las señales que hacía. Porque de muchos que tenían espíritus inmundos, salían estos dando grandes voces; y muchos paralíticos y cojos eran sanados; así que había gran gozo en aquella ciudad" (Los Hechos 8:6-8). ¡Qué campaña evangelística! Milagros y señales atrayeron y convencieron a las masas (versículo 13). Entendieron el mensaje, fueron salvados, bautizados, y poco después, llenados del Espíritu Santo. ¡Imagínese la alegría en los hogares de los ex-paralíticos que ahora, al ser sanados, podían gozar de una vida normal! Multiplique esta alegría por el número de los sanados y podrá comprender por qué "había gran gozo en aquella ciudad."

El ministerio de la sanidad divina del apóstol Pedro fue un factor muy importante en su obra de evangelización (Los Hechos 3). El hombre cojo sentado a la puerta del templo nunca en la vida había andado. Ya tenía 40 años de edad. Indudablemente había perdido toda esperanza de poder caminar y pensaba pasar el resto de su vida como un mendigo cojo. Cuando Pedro, lleno de fe, le dijo que se levantara, él fue instantáneamente sanado. ¡Ni siquiera tenía que aprender a caminar! El podía pararse, saltar y caminar. También alabó a Dios y toda la gente que le vio se maravillaba y alababa a Dios. Las noticias de este milagro se esparcieron rápidamente y pronto se reunió una multitud. Pedro aprovechó la ocasión y les predicó el evangelio de Cristo. ¿El resultado? "Muchos de los que habían oído la palabra, creyeron; y el número de los varones era como cinco mil" (Los Hechos 4:4). ¿Qué evangelista no desearía tener resultados similares? Acuérdese que Dios es glorificado cuando llevamos "mucho fruto" (San Juan 15:8).

En el capítulo 9 del libro de Los Hechos, leemos acerca de dos sanidades notables que Cristo realizó por medio del apóstol Pedro. El primero es el caso de Eneas. El había guardado cama con parálisis por unos ocho años. "Y le dijo Pedro: Eneas, Jesucristo te sana; levántate, y haz tu cama. Y en seguida se levantó. Y le vieron todos los que habitaban en Lida y en Sarón, los que se convirtieron al Señor" (versículos 34,35). Aquí notamos que toda la región de Lida y Sarón se volvió a Dios por un milagro de sanidad. ¡Qué medio más potente para la evangelización!

El segundo caso es el de una sierva dedicada al servicio del Señor, generalmente conocida por el nombre de Dorcas. Era muy famosa y respetada por las limosnas y las buenas obras que hacía. Se enfermó y murió. Pedro se hallaba en una ciudad cercana, así que lo mandaron a llamar. Cuando llegó, se arrodilló y oró. Entonces en fe dio la orden para que ella se levantara. Dorcas resucitó de entre los muertos y fue presentada a los pobres y a las viudas que ella tanto amaba. ¿Cuál fue el resultado? "Esto fue notorio en toda Jope y muchos creyeron en el Señor" (Los Hechos 9:42).

La Biblia nos dice que "hacía Dios milagros extraordinarios por manos de Pablo" (Los Hechos 19:11). Estos milagros le ayudaron mucho en sus viajes misioneros y hacía que la gente creyera en Cristo. Esto está bien explicado en Romanos 15:18,19:

> Porque no osaría hablar sino de lo que Cristo ha hecho por medio de mí para la obediencia de los gentiles, con la palabra y con las obras, con potencia de señales y prodigios, en el poder del Espíritu de Dios; de manera que desde Jerusalén, y por los alrededores hasta Ilírico, todo lo he llenado del evangelio de Cristo.

Ilírico es hoy en día Albania. Considerando el hecho de que no existían en aquellos días medios de comunicación como la radio, la televisión, los periódicos, ni siquiera la imprenta, ¡es milagroso considerar cómo un solo hombre pudiera tener una influencia tan extensa! El poder del Espíritu Santo que producía estos milagros era el responsable directo de este éxito. El mismo poder, juntamente con los medios modernos de comunicación y transporte, podrá obtener aún mayores resultados en nuestros días.

Aunque sabemos muy poco de los ministerios de los demás siervos del Señor, la descripción de los ya mencionados nos hace creer que tenían ministerios similares. Sin duda alguna ésta es la razón porque el evangelio se propagó tan rápidamente durante la era apostólica y post-apostólica.

Lo que sí sabemos es que la misma comisión de ir y predicar, nos ha sido dada a nosotros en este siglo en que vivimos. Se les dijo a los creyentes que recibirían poder para propagar el evangelio hasta los últimos confines de la tierra. Recibirían ese poder al ser llenos del Espíritu Santo. (Véase Los Hechos 1:8.) Ya notamos anteriormente que Cristo hizo sus milagros por el poder del Espíritu Santo, tal como hacía también el apóstol Pablo. La vida de Pedro fue completamente transformada el día que recibió el bautismo en el Espíritu Santo en el día de Pentecostés. Esteban era "lleno del Espíritu Santo", como también lo eran los demás seguidores de Cristo.

Si es verdad que tenemos la misma misión que los discípulos, ¿acaso no nos será concedido también el mismo poder? Las batallas espirituales no se pueden ganar con armas carnales. El mismo poder espiritual está a nuestro alcance porque el Consolador fue enviado para que esté con nosotros para siempre. (Véase San Juan 14:16.) La misión es la misma: la evangelización del mundo. El Espíritu Santo es igual. Su poder no ha cambiado. La necesidad de la humanidad es la misma. Por lo tanto, solamente tenemos que creer, predicar lo que la Palabra de Dios nos dice y ver los mismos resultados.

Es interesante notar que fue la sanidad de un mendigo a la puerta del templo lo que trajo una multitud de almas a la fe en Cristo. Al leer los resultados de distintas campañas de sanidad divina en diversos lugares del mundo y por mis propias observaciones, he notado que Dios muchas veces utiliza casos similares. Parece ser que es mucho más efectivo como señal que el milagro suceda a una persona que ha estado en un lugar público donde muchas personas llegaron a conocerle. ¡Todos conocen al mendigo que había estado en la calle todos los días por tantos años! Una persona con la misma enfermedad, pero que nunca ha salido de su casa, puede ser sanada igualmente, pero poca gente llegaría a saberlo. Muchas veces en la Biblia a las sanidades se las llama **señales**. Una señal apunta a algo, o a alguien. La sanidad divina siempre debe dirigir la vista hacia Cristo.

## LA SANIDAD Y EL EVANGELISMO EN NUESTROS DIAS

Cuando preguntamos qué papel juega la sanidad divina en el evangelismo en nuestros días, hay tantos ejemplos que es difícil escoger. Muchos evangelistas con el ministerio de sanidad divina han sido ya mencionados en el capítulo ocho del presente libro. Esas personas fueron utilizadas por Dios en forma extraordinaria para presentar el evangelio de Cristo a las multitudes.

El doctor Carlos Price condujo muchas campañas evangelísticas en grandes ciudades. Muchas iglesias unían sus esfuerzos y construían grandes auditorios provisionales con cabida hasta para más de 12.000 personas. Había milagros de sanidad y miles de personas aceptaban a Cristo como su Salvador personal. También conducía campañas en auditorios municipales repletos de público.

Otros evangelistas utilizaron métodos similares. Algunos empleaban grandes carpas de circo, otros, estadios de fútbol o de béisbol. Muchas personas que nunca hubieran asistido a una iglesia que no fuera de su misma fe, venían a estos lugares públicos a escuchar la predicación. En cada caso era lo sobrenatural, las sanidades milagrosas, lo que atraía a las multitudes. Algunos de estos predicadores no eran oradores elocuentes, y algunos tuvieron que predicar por medio de un intérprete a miles de personas que no podían entender el inglés, pero la manifestación directa del poder de Dios, demostrado por los milagros de sanidad, compensaba todo lo que faltaba.

En el año 1930, Douglas Scott y su esposa llegaron a Le Havre, Francia, procedentes de Inglaterra. Estaban en camino para el Africa donde pensaban trabajar como misioneros, pero necesitaban antes aprender el francés. Mientras estudiaban el idioma, comenzaron a testificar y a orar por los enfermos. El Señor comenzó a sanar y a salvar a tanta gente que decidieron quedarse en Francia. Por más de 30 años trabajaron en ese país estableciendo nuevas iglesias por todas partes. Dondequiera que predicaba, había sanidades milagrosas. Las Asambleas de Dios de Francia deben mucho de su crecimiento a las sanidades divinas. El orar por los enfermos es una parte constante en los cultos de las 500 iglesias de ese país.

La obra evangélica entre los gitanos franceses ha recibido mucha publicidad por los reportajes de la prensa, la radio y la televisión de París. Miembros bautizados en agua ya pasan de 17.000, y la obra sigue creciendo. ¿Cómo empezó todo esto? Alguien, al repartir folletos evangélicos, entregó a una gitana uno que hablaba sobre la sanidad divina. Tiempo después, el hijo de esa gitana cayó gravemente enfermo. No había ayuda médica posible. La madre se acordó del folleto y pidió que alguien se lo leyera. El folleto explicaba cómo el Señor Jesucristo sana a los enfermos aun hoy en día. Además, al final figuraba la dirección de la iglesia local. Con urgencia la señora buscó al pastor. Al terminar la oración, el niño quedó sanado milagrosamente. Ambos padres se convirtieron al Señor. Luego fueron llenados del Espíritu Santo y empezaron a testificar a los demás gitanos del poder de Dios. Un pastor francés, Le Cossec, los ayudó. Así comenzó un avivamiento que se extendió por toda Francia y ahora se está extendiendo a los gitanos de España y también de otras naciones. Puede usted tener la seguridad de que la oración por los enfermos es una parte importante de su doctrina.

Muchos líderes religiosos se preguntan la razón del crecimiento fenomenal del movimiento pentecostal en la América Latina en un tiempo relativamente corto. Se calcula que por lo menos el 60% de todos los evangélicos de la América Latina son pentecostales. Yo tuve el privilegio de trabajar durante muchos años en la América Latina y he visitado a casi todos sus países. Después de muchos años de observación y de experiencia propia, puedo asegurar que uno de los factores principales del crecimiento de la iglesia en aquella parte del mundo es su fe tan fuerte y su énfasis en la doctrina de la sanidad divina. He comparado mis observaciones con un número de ministros de experiencia, y todos ellos coinciden con mi punto de vista. Es realmente una lástima que muchos que se dedican a estudios sobre el crecimiento de la iglesia pasan por alto este detalle tan importante.

El período de mayor crecimiento de la obra pentecostal en la Argentina comenzó en el año 1954 con la gran campaña de salvación y sanidad en Buenos Aires. Tommy Hicks era el evangelista. La campaña empezó con unas 5.000 personas congregadas en el estadio de Atlanta. Después de tres semanas la campaña se trasladó al estadio inmenso de Huracán. Algunos periódicos y revistas calcularon que la asistencia era de más de 200.000 personas en una sola reunión. Se vendieron unas 25.000 Biblias y casi la misma cantidad de Nuevos Testamentos. Decenas de millares de personas hicieron profesión pública de salvación durante las ocho semanas de avivamiento. Muchos recibieron la sanidad y se llenaron las iglesias con nuevos miembros. El misionero L. W. Stokes informa que las iglesias todavía están cosechando los beneficios de aquella campaña.

El avivamiento en Cuba empezó en el año 1950 con una campaña en el estadio de béisbol de Santiago de Cuba. Sólo unas 200 a 300 personas asistieron la primera noche, empero al terminar la primera semana había más de 15.000 personas que asistían a las reuniones. Sanidades milagrosas eran la mayor atracción. El periódico principal hizo un reportaje en la primera plana de la edición del domingo, con fotografías y testimonios de los que decían haber recibido la sanidad. Algunos lectores se quejaron y pensaban que las noticias de sanidades milagrosas eran falsas. Para establecer la verdad, el periodista buscó los nombres y las direcciones de otros que profesaban haber sido sanados, los buscó y después de tener entrevistas con ellos publicó aun más testimonios.

Una de las bendiciones más grandes en el avivamiento de Cuba de los años 1950 y 1951 fue el hecho de que el evangelista T. L. Osborn, a quien Dios utilizó para iniciarlo, nunca hizo alarde de dones especiales ni de poderes místicos. El puso todo el énfasis en creer sencillamente la Palabra de Dios. Tener fe en las promesas de Dios llegó a ser fácil. Varios misioneros y obreros nacionales fueron inspirados a iniciar campañas similares y vimos los mismos resultados. Miles de personas asistieron a los cultos, había muchas sanidades sobrenaturales, centenares hallaron a Cristo como su Salvador personal y fueron establecidas iglesias nuevas y vigorosas, capaces de sostén propio.

Ahora también por todas partes del mundo están aconteciendo cosas similares. Dios sigue bendiciendo y "confirmando la Palabra con las señales que la seguían" (San Marcos 16:20). Se necesita más predicación de la Palabra para ver más de estos resultados.

## TRES COSAS PARA CONSIDERAR

Aquí se puede incluir una palabra de advertencia para los que quieren hacer de la oración por los enfermos una parte importante de su ministerio evangelístico. Primero: ponga énfasis sobre la salvación. Nunca deje de hacer saber a la gente que la sanidad del alma es mucho más importante que la sanidad del cuerpo. Segundo: predique a Cristo y no a sí mismo ni a todo lo que usted ha hecho. Edifique la fe de los oyentes en Cristo y en la Palabra de Dios, y no en la fe o poderes extraordinarios suyos. Invítelos a que busquen al Sanador más que a la sanidad. Tercero: no exagere su ministerio. Las compañías comerciales pueden ser procesadas por anunciar cosas que no son verdaderas. Es deshonesto. Las sanidades genuinas al comenzar la campaña son el mejor anuncio. Demuestre que Dios contesta la oración y la gente vendrá. "Tú oyes la oración; a ti vendrá toda carne" (Salmo 65:2).

*"¿Está alguno enfermo entre vosotros? Llame a los ancianos de la iglesia,*
*y oren por él, ungiéndole con aceite en el nombre del Señor"*
*(Santiago 5:14).*

CAPITULO 16

# LA SANIDAD EN LA IGLESIA LOCAL

Aunque la sanidad divina es una gran ayuda en la evangelización, no tiene que ser relegada a campañas evangelísticas. La oración por los enfermos es, definitivamente, una parte fundamental del ministerio de la iglesia local. Para asegurar la continuidad de un avivamiento donde se ha recalcado la sanidad divina, es necesario tener una iglesia donde se practica la oración por los enfermos, y que tenga resultados similares a los de la campaña. Las personas que llegaron a Cristo mediante la sanidad divina, se identifican con mayor facilidad con iglesias que practican en sus cultos la oración por los enfermos.

El que el Señor quería que la sanidad divina fuese parte del ministerio de la iglesia se puede comprobar mediante dos cosas: Sus dones de poder a la iglesia, y las instrucciones para la oración por los enfermos que hallamos en la epístola de Santiago.

Los dones del Espíritu Santo son dados con el propósito expreso de edificar a los creyentes, como también para una señal para los incrédulos. (Véase 1 Corintios 12:7; 14:4,5,12,22). Ya que hemos tratado la relación entre los dones del Espíritu Santo y la sanidad en capítulos previos, no vamos a repetirlo ahora. Sin embargo, tengamos presente el hecho de que los dones fueron dados a la iglesia con un propósito. Son para ser usados en la iglesia. Dios será glorificado y su santa causa será avanzada mejor si nos conformamos al modelo establecido para nuestro ejemplo.

## 138 EL MODELO NEO-TESTAMENTARIO

Las únicas instrucciones dadas en el Nuevo Testamento para un creyente enfermo se hallan en Santiago 5:14-16:

*¿Está alguno enfermo entre vosotros? Llame a los ancianos de la iglesia, y oren por él, ungiéndole con aceite en el nombre del Señor. Y la oración de fe salvará al enfermo, y el Señor lo levantará; y si hubiere cometido pecados, le serán perdonados. Confesaos vuestras ofensas unos a otros, y orad unos por otros, para que seáis sanados. La oración eficaz del justo puede mucho.*

Primero, note que estas instrucciones son para los creyentes. "¿Está alguno enfermo **entre vosotros?**" Los hijos siempre tienen derechos que los extraños no tienen. Los hijos de Dios pueden esperar con toda confianza la sanidad, que Jesús llamó **el pan de los hijos** (San Marcos 7:27).

Después, es de notarse que es la responsabilidad de los creyentes llamar a los ancianos de la iglesia. "**Llame a los ancianos . . .**" La congregación tiene que darse cuenta de este hecho. Muchas veces un miembro se enferma y no notifica al pastor. Después, ¡esa misma persona se queja de que el pastor no la visitó! En la Iglesia Primitiva los términos pastor, anciano y obispo se usaron indistintamente. También parece ser que tenían más de un pastor en la iglesia local. Estos eran los que el creyente debía llamar en caso de enfermedad.

"Ungiéndole con aceite . . ." ¿Cuál es el significado del aceite? ¿Qué clase de aceite hay que usar? ¿Debemos de considerar el ungir y orar por los enfermos como un sacramento de la iglesia? ¿Puede una persona ser ungida fuera de la iglesia, o en la casa de un creyente?

A. J. Gordon cita a uno de los padres de la Iglesia Primitiva, Clemente, dando direcciones para la visita de los enfermos, como sigue: "Dejen, por consiguiente, que en ayunos y oración hagan sus intercesiones y no con frases bien compuestas y elocuentes, sino confiadamente como hombres que han recibido el don de sanidad, para la gloria de Dios."[1]

El ungir con aceite es significativo por lo que representa. J. Nelson Parr explica esta unción de la manera siguiente:

*El aceite es el símbolo del Espíritu Santo, y el ungir con aceite ha sido siempre el derramar aceite sobre las personas, altares o vasos. (Véase Génesis 28:18; 31:13; Levítico 8:10-12; 1 Samuel 16:13.) Podemos ver en estos pasajes que el ungir con aceite era*

*un hecho de dedicación y consagración, indicando que la persona
ungida se rendía totalmente a Dios. También simboliza el poder del
Espíritu Santo como el vivificador de nuestros cuerpos mortales.
(Véase Romanos 8:11).*[2]

Algunos se preguntan acerca de qué clase de aceite se debe
usar. La palabra griega utilizada en este pasaje, como así
también en San Marcos 6:13, es la palabra generalmente usada
para el aceite de oliva. Ese es el aceite mayormente empleado
en las iglesias que practican la unción y oración por los enfermos. Sin embargo, sé de muchos casos donde los creyentes
han usado cualquier aceite que estuviera a mano, y sus oraciones fueron contestadas y los enfermos sanados.

El aceite en sí no tiene ningún poder curativo, y no se usa
como medicamento alguno. Simplemente representa al Espíritu
Santo quien dio poder para sanar a los enfermos, tanto a Jesucristo como también a sus seguidores. Somos ungidos por el
Espíritu Santo como Cristo en San Lucas 4:18, y ungimos con
el símbolo de ese mismo Espíritu a los que se allegan a nosotros
buscando ayuda. Una pequeña cantidad de aceite es suficiente
como símbolo. Generalmente el ministro pone sólo una gota
de aceite en la frente de la persona que necesita la oración.
Algunos hacen la señal de la cruz, aunque no hay base bíblica
para tal acción, como tampoco ninguna prohibición.

El imponer las manos sobre los enfermos se menciona
varias veces en la Biblia. (Por ejemplo: San Mateo 8:15; San
Marcos 5:23; 6:5; 8:23; 16:18; San Lucas 4:40; 13:13; Los Hechos
9:17.) Sin embargo, el ungir con aceite a los enfermos se menciona sólo dos veces. La primera vez en San Marcos 6:13, hablando de los discípulos de Cristo. "Y echaban fuera muchos
demonios, y ungían con aceite a muchos enfermos, y los sa-
naban." La segunda vez es mencionado en las instrucciones
para los enfermos en Santiago 5. Esto nos significa que no se
hacía en otros casos. Muchos eruditos de la Biblia creen que
era una práctica tan común que no se creía necesario dejar
instrucciones detalladas. Parece ser que el ungir con aceite y
orar por los enfermos era una parte pública del ministerio de
los discípulos y no se limitaba a la casa de los creyentes. Muchas
veces los creyentes piden la oración en los cultos públicos.

Surge la pregunta de si el ungir con aceite a los enfermos
debe considerarse como un sacramento de la iglesia. Entendemos por **sacramento** una práctica u ordenanza establecida

por el Señor en lo cual elementos visibles son utilizados como
símbolos de la recepción de una bendición espiritual. Creemos
que el pasaje ya mencionado en Santiago es inspirado por Dios,
y como tal cumple con los requisitos descritos. Muchas iglesias
pentecostales practican el ungimiento y la oración por los enfermos con mayor regularidad que la celebración de la Santa
Cena. Hoy en día hay un buen número de iglesias de otras
denominaciones que tienen tiempos señalados para la oración
por los enfermos.

La oración por los enfermos debe ser acompañada siempre
de un examen espiritual de parte del enfermo. Las enfermedades no son siempre el resultado directo de un pecado, pero
siempre existe esta posibilidad. "Si hubiere cometido pecados . . ." dice el apóstol. Y nos exhorta también a confesar
nuestros pecados los unos a los otros y orar los unos por los otros
para la sanidad. Esto es espiritualmente saludable también.

La enfermedad es una maldición. La sanidad es una bendición. No puedo recordar haber recibido nunca una bendición
o gozo al tomar una píldora o una inyección, pero he recibido
grande gozo y bendición espiritual al recibir una sanidad instantánea. ¡El pensar que Dios está presente, que él es real,
que tiene poder hoy en día, y que me ama lo suficiente
como para tocarme personalmente y traer así alivio y sanidad,
inunda mi alma con gozo!

Es bueno notar también que el sacramento de la extre-
maunción, que siempre ha sido el último rito usado por la
iglesia Católica Apostólica y Romana en la preparación del
alma ante la muerte, hoy se llama simplemente la **unción,** y
puede ser usado para ungir a los enfermos y orar por su sanidad. Esta nueva ley entró en vigor el 1 de enero de 1974, de
acuerdo con lo dicho por el Padre Francisco MacNutt.[3]

## SANIDAD, UN MINISTERIO CONTINUO DE LA IGLESIA

En muchos campos misioneros, el orar por los enfermos
es cosa común en todos los cultos. Esto atrae a la iglesia más
gente de afuera para oír el evangelio que quizá cualquier otra
parte del culto. Siempre hay que subrayar que la sanidad del
alma es más importante que la del cuerpo. Primero hay que
procurar que la persona acepte a Cristo como su Salvador personal, y entonces orar por su sanidad.

Personalmente he visto a multitudes llegar al Salvador de esta manera. Vienen al culto porque un amigo o un vecino les testificó acerca de las sanidades recibidas u observadas en las reuniones. Quieren recibir la sanidad. Asisten a la iglesia, escuchan el mensaje de salvación y aceptan a Cristo. Piden la oración y reciben la sanidad. Después, salen a la calle y dicen lo que Cristo ha hecho por ellos y otros se interesan. El proceso entonces se repite. Cristo atrae a la gente porque él suple todas sus necesidades. El hecho es que la Biblia dice: "Mi Dios, pues, suplirá todo lo que os falta conforme a sus riquezas en gloria en Cristo Jesús" (Filipenses 4:19). Esto ciertamente incluye también las necesidades físicas.

Se debe conducir un culto de sanidad en la iglesia con gran reverencia. Es el poder del Espíritu Santo de Dios que sana. Su presencia debe causar respeto y reverencia. La irreverencia siempre es mala, pero especialmente cuando invocamos el poder de Dios para traer alivio y sanidad a un hermano en Cristo que está afligido y sufriendo.

Es muy importante que el que ora por los enfermos tenga compasión—empatía. Póngase a sí mismo en el lugar del que sufre. El que es el **Sanador** se compadeció de la humanidad doliente. Si es que deseamos llevar a cabo su obra, necesitamos tener la misma compasión. Es cuando somos movidos por la necesidad ajena que oramos con mayor intensidad y fervor. Note bien que la oración **ferviente** del justo puede mucho.

También es importante que los que reciben la sanidad tengan la oportunidad de testificar. Será de gran bendición e inspiración para los demás hermanos de la iglesia escuchar cómo Dios ha contestado la oración de sus compañeros. Esto también fortalece la fe de todos los creyentes. ¡Edifica, y eso es muy bíblico! He observado muchas campañas evangelísticas donde había tales multitudes que era imposible orar individualmente por todos los enfermos. Se utilizaba el tiempo disponible reforzando la fe de la gente en la Palabra de Dios. Después de una oración en masa, una oración por todos los enfermos al mismo tiempo, luego se animaba a los enfermos a aceptar por la fe su sanidad. Tan pronto podían verificar su sanidad, se les invitaba a subir a la plataforma para testificar. A veces los testimonios duraban más de una hora, cada persona hablando brevemente. ¡La **fila de testimonios** es mucho más inspiradora que **la fila de enfermos**!

Si realmente deseamos tener una iglesia que sea conocida por las oraciones por los enfermos, y los resultados maravillosos de esas oraciones, debemos de tener mucho cuidado de nuestros motivos. ¿Es sólo para que Dios sea ensalzado y su obra extendida? O ¿es que hay alguna ambición personal, o un deseo de nuestra parte de recibir gloria? A veces parece ser que lo que estamos buscando no es lo sobrenatural sino lo espectacular. Dios ha tenido que poner a un lado a muchos de sus siervos que en un principio eran de bendición, pero luego motivos erróneos los volvieron inservibles en la obra del Señor.

Debemos de mantener todas las cosas en su perspectiva debida. En una secuencia inspirada, se menciona apóstoles, profetas y maestros antes de los milagros y los dones de sanidad. (Véase 1 Corintios 12:28.)

Algunos pastores han criticado severamente a miembros de su iglesia que han viajado largas distancias para llegar a un evangelista y que éste ore por su enfermedad. Si predicamos la Palabra de Dios acerca de la sanidad y damos a la oración por los enfermos su lugar debido en la iglesia, no habrá ninguna necesidad de que los enfermos vayan a otros lugares en búsqueda de la sanidad. Si somos negligentes en nuestros deberes en este asunto, entonces los necesitados no son culpables y no merecen nuestra crítica si tienen que ir lejos buscando la sanidad.

Un pasaje del libro escrito por Stanley Horton **A toda verdad (Into All Truth)** parece indicado para el final de este capítulo:

> *Vemos en las Escrituras que es, indudablemente, la voluntad y el propósito de Dios sanar hoy en día. Es su promesa; está de acuerdo con su naturaleza; es parte del ministerio de Cristo; es parte del ministerio del Espíritu Santo; y es una parte vital del ministerio continuo de la iglesia. Está tan unido a la salvación que el negar la posibilidad de sanidad es negar el poder del Salvador. Se halla unido tan estrechamente con la obra misionera que el negarla es perder uno de los medios más eficaces para avanzar la causa de Cristo en un mundo lleno de sufrimientos. Está unida tan estrechamente con la vida espiritual de la iglesia local que el negarla es argumentar a favor de una organización eclesiástica sin vida y ceremonial, en vez de la iglesia viva, llena del Espíritu y dirigida por el Espíritu, que Dios quiere que su iglesia sea.*[4]

¡Que Dios ayude a su Iglesia a ser lo que él quiere que sea!

*"...y en su enfermedad no buscó a Jehová, sino a los médicos"*
*(2 Crónicas 16:12).*

# CAPITULO 17
# MEDICOS Y MEDICINAS

El Departamento de Comercio de los Estados Unidos indica que la gente de los Estados Unidos gastó más de 41 mil millones de dólares en concepto de servicios médicos y de salubridad durante el año 1973.[1] Esta suma astronómica nos indica que la gente busca la salud con desesperación. La gran mayoría de los que buscan la salud lo hacen por medio de los doctores y la medicina. Parece un poco raro que la Biblia guarde silencio sobre esta materia. La palabra **medicina**, con su plural, se menciona sólo cuatro veces en toda la Biblia. La palabra **médico**, con su plural, se menciona solamente 12 veces. Por otro lado, hay decenas de referencias a las palabras **sanidad y salud**.

Una persona que cree que Jesucristo es el Médico Divino ¿necesita de los servicios de un doctor o de la medicina? ¿Qué actitud debemos adoptar hacia ellos? Un entendimiento claro de este asunto importante nos ayudará a evitar actitudes radicales que han impedido que algunos acepten el evangelio de la sanidad divina.

Una vez más les recordamos el hecho de que Dios quiere que sus hijos estén físicamente sanos. El quiere que "seamos prosperados, y que tengamos salud" (3 Juan 2), mientras nuestra alma también esté en prosperidad. Debemos siempre tener presente también que nuestros cuerpos fueron **programados** para gozar de salud y no para estar enfermos. Si una parte del cuerpo sufre una herida, los elementos adecuados se apresuran a la ayuda de la parte afectada para empezar el proceso de restauración y sanidad. Así es como Dios nos creó, y ciertamente nos indica con claridad que él quiere que estemos en buena salud.

Todo médico que reflexione sobre el asunto ha de admitir que él mismo no puede sanar. Ninguna cirugía, ni medicina por sí misma puede traer salud. El cirujano o el doctor puede quitar las partes infectadas del cuerpo, combatir la infección, fortificar el sistema físico, aconsejar sobre las medidas que uno debe adoptar para la salud, pero es el cuerpo mismo que tiene que cooperar o no habrá sanidad. Como dijo un médico: "Nosotros podemos vendar las heridas . . . pero sólo Dios sana."

Si Dios quiere que gocemos de salud, entonces los médicos que hacen lo mejor posible para darnos salud, o guardarnos sanos, están cooperando con la voluntad de Dios. De esto podemos deducir dos cosas: (1) Si los médicos están cumpliendo la voluntad de Dios procurando mantener a la gente con salud, y si son sinceros y escrupulosos en su trabajo, pueden ser de gran bendición a la humanidad. (2) Un médico cristiano, meticuloso y sincero, y que se halla en constante contacto con el Médico Divino, puede servir de aún mayor bendición que los otros. Debemos de estimar a estos hombres y mujeres dedicados, en vez de criticarlos.

Hay algunas cosas que Dios espera que nosotros hagamos por nosotros mismos; hay otras que sólo él puede hacer. Supongamos que usted descubriera un gusanillo en el revés de la mano, que procurara meterse debajo de la piel. ¿Llamaría a la iglesia para que toda la congregación orara por su mano? ¡Lo quitaría usted mismo! El Señor elogió al buen samaritano que aplicó el aceite y el vino y vendó las heridas del hombre a quien habían robado y maltratado unos maleantes.

En el mensaje de Dios a "los pastores de Israel", él los acusa de vivir a expensas de sus rebaños. También les dijo: "No fortalecisteis las débiles, ni curasteis las enfermas; no vendasteis la perniquebrada, ni volvisteis al redil la descarriada, ni buscasteis la perdida, sino que os habéis enseñoreado de ellas con dureza y con violencia" (Ezequiel 34:4). Cristo, el Buen Pastor, se interesa por el bienestar de su rebaño, y sus ayudantes pastores deben seguir su ejemplo.

Los que desean presentarse ante Dios en óptimas condiciones físicas, para ser usados en su obra, deben tomar las medidas y precauciones razonables. Los que han estudiado la salud física durante muchos años generalmente son los más calificados para decirnos qué medidas debemos adoptar.

Dios dictó leyes estrictas de salubridad a los israelitas cuando estaban en camino a la tierra de promisión. Tenían leyes también para el aislamiento de los leprosos mucho antes de que los hombres de ciencia descubrieran la necesidad de tal medida. Los sacerdotes tenían la tarea de examinar a los enfermos y de imponer la cuarentena. (Véase, por ejemplo, Levítico capítulos 14 y 15.)

Tanto en Los Hechos de los Apóstoles como en el evangelio que lleva su nombre, San Lucas nos relata muchos casos de sanidades milagrosas en el ministerio de Jesús como también en el de Pedro y de Pablo. San Lucas mismo fue llamado "el médico amado" (Colosenses 4:14), sin embargo no tenemos ninguna referencia de que él practicara la medicina después de llegar a ser un seguidor del Señor Jesucristo. El describió en términos médicos la enfermedad del padre de Publio, en la isla de Malta, pero atribuyó la sanidad enteramente al poder de la oración de Pablo. (Véase Los Hechos 28:8,9.)

Jesucristo denunció severamente la hipocresía religiosa, pero no hallamos referencia alguna de que él haya condenado a los médicos ni a los que iban a ellos en busca de la sanidad. El sanó a algunos que no podían hallar alivio en la medicina. San Lucas describe así una de esas ocasiones: "Pero una mujer que padecía de flujo de sangre desde hacía doce años, y que había gastado en médicos todo cuanto tenía, y por ninguno había podido ser curada, se le acercó por detrás y tocó el borde de su manto; y al instante se detuvo el flujo de su sangre" (San Lucas 8:43,44).

Aunque el Señor nunca condenó a los médicos, tampoco envió a ningún enfermo a buscar ayuda de ellos. No tenía necesidad de hacerlo. Tenía, y todavía tiene, "todo poder en el cielo y en la tierra." Un estudio de las sanidades documentadas de nuestro Señor Jesucristo, (habían muchísimas sanidades que no fueron escritas), nos revela que él sanó muchas enfermedades y dolencias que aun en el día de hoy se consideran incurables.

Algunas personas alegan que aunque Cristo sanaba cuando estaba aquí en la tierra, él ahora da al hombre la inteligencia suficiente para combatir las enfermedades y que él raras veces interviene directamente en las enfermedades. Nos dicen que debemos de utilizar **los medios** que Dios nos ha provisto. Agradecemos a Dios por los grandes progresos que la ciencia médica ha experimentado en los últimos años, trayendo alivio a los sufrimientos de la humanidad. Sin embargo, ¡los **medios** no son siempre una bendición de Dios! Si la diagnosis es errónea, los **medios** pueden ser dañinos o hasta fatales.

Hace muchos años, mi padre trabajaba en una farmacia de California. Descubrió que las medicinas que ayudan al cuerpo a combatir una enfermedad pueden debilitar la resistencia del cuerpo a otras dolencias. Como consecuencia, hallamos que los que usan medicinas constantemente se vuelven más y más dependientes de ellas. Algunos médicos son suficientemente francos para admitir que esta condición existe todavía, hasta cierto punto.

Un cirujano cristiano describe algunos de los problemas que confrontan a los médicos como sigue:

> *Continuamente tenemos que confrontar nuevas situaciones en el terreno de las enfermedades. Tan pronto como se logra curar por medio de la medicina una enfermedad conocida, surge otra variedad. . . . Mientras las dolencias físicas se sujetan más a la terapéutica, las enfermedades psicológicas y espirituales aumentan. Los métodos terapéuticos en sí producen su propio grupo de enfermedades—conocidas como yatrogénas (producidas por los doctores.) Algunas drogas destrozan la salud al producir una "salud enfermiza" como en el caso del abuso de los tranquilizantes. A veces, tratando de quitar una anormalidad puede resultar en la cesación de la enfermedad original por la sustitución de un problema más serio que el primero.*[2]

Con esto podemos ver que los médicos mismos necesitan de nuestras oraciones mientras sigan luchando contra tales dificultades.

Bien podemos preguntar ¿qué propósito u objeto tiene la profesión médica? Un doctor, al presentar su informe ante la Asociación Médica Americana, dijo: "Estoy harto ya de producir ignorantes sanos, idiotas sanos, criminales sanos." Tenemos que reconocer que las enfermedades humanas son de dos clases: las enfermedades del cuerpo y las del espíritu. Si no atendemos las necesidades espirituales del hombre, hacerle un ser físicamente sano no ayuda a la sociedad.

Los psicoanalistas y los psiquiatras producen unos resultados insospechados e inesperados cuando demuestran que muchas de las neurosis de los mayores son resultados de algo que les ha sucedido en la niñez. Sin embargo, es una cosa hallar el origen o el factor causante de la neurosis y otra cosa muy distinta deshacernos de ella. Aquí es donde hace falta ayuda espiritual. Dios es el único que nos puede librar de nuestro sentimiento de culpabilidad y entonces llenar nuestro ser de tanto gozo y victoria que quedaremos completamente libres de la depresión y de los temores. La medicina por sí misma no es suficiente. La sanidad interna, la del alma, es de la mayor importancia para la salud exterior, que Dios quiere que disfrutemos. La vida de Cristo en nosotros ha de impartir el bienestar a todo nuestro ser, cuerpo y alma. Muchos de los mejores autores sobre la sanidad divina recalcan esta verdad tan importante.

Tal como hay charlatanes que se dicen ser médicos, brujos, exorcistas y médiums que desacreditan la profesión médica, hay también quienes se llaman "ministros del Evangelio" que han comercializado el ministerio de sanidad y han desnaturalizado su práctica para su propia fama o beneficio personal. Un artículo escrito por O. K. Armstrong, publicado en el mes de junio de 1971 en la revista **Selecciones del Reader's Digest**, da la alarma contra tales personas. El título del artículo es: **Cuidado con los 'Curanderos por la Fe' comercializados.**

Por desgracia, ha habido en el pasado, y todavía existen algunas personas que no observan la ética cristiana ni aun la honradez estricta en sus afirmaciones. Esto, por supuesto, no prueba que lo genuino no existe. El mismo hecho de que exista lo falso es prueba suficiente de que existe también lo real. Si Dios usa a una persona en un ministerio fructífero de sanidad divina, no debe nunca de gloriarse de sí mismo. Siempre debe ensalzar a Cristo. Cualquier evangelio que no ensalce a Jesucristo no es inspirado divinamente. Cristo, y no la sanidad divina, debe ser el tema central de toda predicación. Pablo vio muchos milagros de sanidad, pero él dijo: "Porque no nos predicamos a nosotros mismos, sino a Jesucristo como Señor, y a nosotros como vuestros siervos por amor de Jesús" (2 Corintios 4:5). Jesucristo es el Sanador. ¿Acaso no es deshonesto aceptar el pago por algo que otro ha hecho? El capitán Naamán pensaba pagar un buen precio por la sanidad de su cuerpo y fue muy bien preparado para hacerlo. Pero el profeta Eliseo rehusó recibir recompensa alguna por el milagro que Dios había hecho.

En el libro de Los Hechos de los Apóstoles, capítulo 19, leemos acerca de milagros especiales que el Señor hizo por medio del apóstol San Pablo: ". . . de tal manera que aun se llevaban a los enfermos los paños o delantales de su cuerpo, y las enfermedades se iban de ellos, y los espíritus malos salían" (Los Hechos 19:12). Este versículo ha servido de base para la prática de usar **pañuelos milagrosos o pañuelos ungidos.** Al parecer Pablo no podía ir a visitar personalmente a muchos de los enfermos que buscaban su ayuda. Así que envió algo de sus efectos personales, como un pañuelo, para ser colocado sobre el enfermo como un punto de contacto, tal como si le hubiese impuesto sus manos al estar presente. Eliseo también utilizó este método cuando envió a su siervo con su báculo para imponerlo sobre el hijo de la mujer sunamita. (Véase 2 Reyes 4:29.) No importa lo que creamos en cuanto a los pañuelos ungidos, dio muy buen resultado en el caso de Pablo. Muchos dan testimonio hoy en día de haber recibido la sanidad en forma similar. El pastor de una iglesia ora sobre el pañuelo, que fue previamente ungido con aceite, y luego lo envía al enfermo. Donde hay una fe sincera, ocurren verdaderas sanidades.

Este método ha sido muy desacreditado por los que comenzaron a **comercializarlo.** En ciertas ocasiones, ha llegado a ser como un amuleto o talismán que se puede comprar. Esto es muy desagradable ante los ojos de Dios y es muy contrario a su santo evangelio. El nos enseña que lo que nosotros recibimos de gracia, de gracia debemos de repartir. Pedro le dijo al paralítico: "Lo que tengo **te doy**" (Los Hechos 3:6).

Uno de los pocos casos donde se menciona un médico en la Biblia, es el caso del rey Asa. Está escrito así: "En el año treinta y nueve de su reinado, Asa enfermó gravemente de los pies, y en su enfermedad no buscó a Jehová, sino a los médicos. Y durmió Asa con sus padres, y murió en el año cuarenta y uno de su reinado" (2 Crónicas 16:12,13). Asa había sido un buen rey y había servido a Dios fielmente, pero hacia el final de su reinado, un profeta lo reprendió por haber hecho alianza con un rey pagano. Esto enojó mucho al rey, a tal punto que hizo echar al profeta en la cárcel. Cuando se enfermó seriamente, sin duda tenía vergüenza de buscar a Dios, en vista de la manera en que había maltratado a su profeta, y decidió consultar a los médicos. Ignoramos la competencia médica de los médicos de aquel entonces. Algunos creen que eran unos curanderos o brujos, con muy pocos conocimientos médicos. Como quiera que sea, la reprensión no era para los médicos, sino para Asa por haber dado las espaldas a Dios. También podemos ver una insinuación de que si hubiese puesto su fe en Dios, se hubiera sanado.

¿Deben los creyentes en Cristo usar medicinas? Esta pregunta inquieta a muchos buenos siervos del Señor. Otra pregunta es: ¿Se valió Cristo de medios para efectuar sus milagros? Leemos que en cierta ocasión untó de barro los ojos de un ciego de nacimiento y le dio instrucciones de ir al estanque a lavarse. Al cumplir las instrucciones al pie de la letra ¡recibió la vista! En el caso de un sordo y tartamudo, Jesús usó la saliva para untarlo. (Véase San Juan 9:6 y San Marcos 7:33.) Una masa de higos fue colocada sobre la llaga de Ezequías que estaba a punto de morir (2 Reyes 20:7). Se le ordenó a Naamán que se sumergiera siete veces en las aguas del río Jordán para curarse de la lepra (2 Reyes 5:14).

No se dice en ninguno de estos casos que los métodos prescritos tenían poder curativo alguno. Parece ser que eran símbolos solamente y que se emplearon para probar la obediencia de los enfermos a la Palabra de Dios. En todo caso fue el poder de Dios el que sanó a los enfermos.

¿Querrá decir esto que el creyente debe deshacerse de sus medicinas cuando hayan orado por él? Hace falta aquí una palabra de advertencia para que no sigamos un curso extraviado que nos podría conducir a problemas más serios.

Si usted debe tomar medicina, o no, depende de cómo se encuentre después de la oración. Ciertamente la decisión de dejar de tomar la medicina no debe ser basada sobre una presunción, o sobre el consejo de un amigo que nos quiere ayudar. La decisión tiene que ser basada sobre los hechos de la situación.

¿Debe uno que ha sido sanado volver al médico para hacerse examinar? Jesús no condenó a los diagnósticos humanos de su día. A los diez leprosos que le pidieron misericordia, él los envió al sacerdote. "Cuando él les vio, les dijo: Id y mostraos a los sacerdotes' (San Lucas 17:14).

Algunos, hoy en día, en el deseo de ejercitar su fe, cometen el error de decir que están sanos, cuando en realidad no es así. Esto no es fe, sino presunción. Una declaración adoptada por el Presbiterio General de las Asambleas de Dios, afirma que los que fueron sanados en los tiempos bíblicos, no dieron testimonio de sanidad hasta que se había logrado la sanidad por el poder divino.

En todo caso, es el enfermo mismo el que tiene que decidir si ha de dejar de usar las medicinas. Si usted le aconseja que las deje, puede ser denunciado, acusado de practicar la medicina sin licencia.

El testimonio de A. B. Simpson en cuanto a este tema es como sigue:

> *Yo no he hallado ninguna dificultad seria tratando el asunto del uso de las medicinas. . . . No hay ningún provecho en abandonar el uso de las medicinas sin una fe personal y verdadera en Cristo. Y cuando uno realmente encomienda su caso a las manos de Cristo, y cree que el Señor se ha hecho cargo de él, generalmente no ha de querer que otras manos se metan, ni tampoco cree otra cosa sea necesaria. Cuando la gente tiene una fe verdadera en la ayuda sobrenatural de Cristo, no ha de querer las medicinas.*[3]

Este es el testimonio de una persona que dependió de las medicinas por más de veinte años, y después llegó a ser tan lleno de la vida de Cristo que halló innecesarias las medicinas.

A veces las leyes civiles nos pueden obligar a buscar ayuda médica para los miembros de nuestra familia. En estos casos, recordemos que la Biblia nos enseña que tenemos que obedecer las leyes establecidas. Esto no debe ser falta de fe, sino cumplimiento con las leyes, poniendo así un buen ejemplo para los incrédulos de nuestro respeto hacia la autoridad. Hay veces que nosotros confiamos totalmente en el Señor, pero nuestros hijos no comparten la misma fe y pueden resentir de que **impongamos** (como ellos lo interpretan) nuestra fe sobre ellos. Después de haber criado cinco hijos en diversos campos misioneros y de haber presenciado una y otra vez cómo Dios los ha sanado de distintas enfermedades, me es muy grato poder decir que todos ellos tienen una fe firme en el Señor como su Sanador personal.

Aquí cabe una palabra en cuanto a los misioneros médicos. Estos hombres y mujeres dedicados, han hecho mucho para cambiar la actitud del pueblo, destrozando barreras de prejuicio y creando una actitud favorable hacia el evangelio. Muchas personas han sido ganadas para Cristo mediante el testimonio de doctores y enfermeras consagrados. También se puede agregar que se ha salvado la vida de muchos misioneros por medio de los hospitales y médicos misioneros.

Sin embargo, tenemos que hacer frente a la realidad. Al hacerlo así, vemos que en muchos casos los resultados espirituales han sido muy pocos en comparación con la inversión de dinero y de personas. Cuando un médico misionero puede restaurar la salud de uno que haya estado gravemente enfermo, éste piensa: "¡La medicina de este extranjero es muy potente!" Pero cuando una persona, igualmente enferma, se sana mediante la ferviente oración de fe de un siervo de Dios, ha de pensar: "¡El Dios de este extranjero es poderoso!" ¿Cuál de los dos resultados está más de acuerdo con nuestros objetivos?

Los médicos y las medicinas pueden ser buenos, pero el Médico Divino, el que nos creó al principio, es muy superior. El es especialista de todas las enfermedades. Está siempre presente, a nuestro alcance, cuando le necesitamos. El tiene poder para efectuar la misma sanidad, y no simplemente para ayudar los procesos curativos de nuestro cuerpo. ¡No hay nada imposible para él!

# CAPITULO 18

# RESULTADOS DE LA SANIDAD DIVINA

Los que dudan del valor de la doctrina de la sanidad divina harían bien en emplear la prueba que el mismo Señor nos dio. El dijo: "Por sus frutos los conoceréis" (San Mateo 7:20). Aunque usted no haya visto nunca un naranjo, si ve un árbol que está produciendo naranjas, sabrá inmediatamente qué clase de árbol es. Hasta un niño puede conocer a un árbol por su fruta. ¿Qué son los frutos de la oración por los enfermos? Presentamos los hechos siguientes para su consideración cuidadosa.

## RESULTADOS DEL MINISTERIO DE SANIDAD DE CRISTO

(1) **Demostró la aprobación de Dios.** Juan el Bautista fue muy reconocido como profeta de Dios. Jesús habló muy bien de él. Juan había testificado que Jesucristo era el Hijo de Dios (San Juan 1:34). Este era un testimonio valioso. Pero Jesús dijo: "Mas yo tengo mayor testimonio que el de Juan; porque las obras que el Padre me dio para que cumpliese, las mismas obras que yo hago, dan testimonio de mí, que el Padre me ha enviado" (San Juan 5:36). Pedro dijo a la multitud a quienes dirigía la palabra en el día de Pentecostés que Jesús de Nazaret fue ". . . varón aprobado por Dios entre vosotros con las maravillas, prodigios y señales que Dios hizo entre vosotros por medio de él, como vosotros mismos sabéis" (Los Hechos 2:22).

(2) **Convencía a la gente que Dios le había enviado.** Nicodemo, un fariseo y principal entre los judíos, dijo a Jesús: "Rabí, sabemos que has venido de Dios como maestro; porque

nadie puede hacer estas señales que tú haces, si no está Dios con él" (San Juan 3:2). Depués de la resurección de Lázaro de entre los muertos, los que se oponían a Cristo reunieron un concilio y dijeron: "¿Qué haremos? Porque este hombre hace muchas señales. Si le dejamos así, todos creerán en él" (San Juan 11:47,48). Aun sus enemigos admitían que los milagros de Cristo convencerían a la gente de que él era el Mesías.

(3) **Hacia que las multitudes siguieran a Cristo.** "Y le seguía gran multitud, porque veían las señales que hacía en los enfermos" (San Juan 6:2). "Aconteció que cuando Jesús terminó estas palabras, se alejó de Galilea, y fue a las regiones de Judea al otro lado del Jordán. Y le siguieron grandes multitudes, y los sanó allí" (San Mateo 19:1,2). Jesús sanó a un leproso y le dijo que no lo contara: "Pero ido él, comenzó a publicarlo mucho y a divulgar el hecho, de manera que ya Jesús no podía entrar abiertamente en la ciudad, sino que se quedaba fuera en los lugares desiertos; y venían a él de todas partes" (San Marcos 1:45). No es necesario tener un sitio ideal para sus reuniones si el poder de Dios está manifestado en las reuniones.

(4) **Hacia que la gente glorificara a Dios.** "De manera que la multitud se maravillaba, viendo a los mudos hablar, a los mancos sanados, a los cojos andar, y a los ciegos ver; y glorificaban al Dios de Israel" (San Mateo 15:31). Jesús dijo a un hombre paralítico que fue llevado a él para la sanidad, que sus pecados eran perdonados. Después de esto le dijo que se levantara y que tomara su lecho y fuera a casa. "Entonces él se levantó en seguida, y tomando su lecho, salió delante de todos, de manera que todos se asombraron, y glorificaron a Dios, diciendo: Nunca hemos visto tal cosa" (San Marcos 2:12).

## RESULTADOS DEL MINISTERIO DE SANIDAD DE LOS APOSTOLES

(1) **Demostró la aprobación de Dios.** En la Gran Comisión, Cristo les había dicho a sus discípulos que fueran a predicar el evangelio a toda criatura. El dijo que ciertas señales seguirían a los que creen. Entre otras cosas prometió que sobre los enfermos pondrían sus manos y sanarían. (Véase San Marcos 16:15-18.) ¿Qué aconteció? "Y ellos, saliendo, predicaron en todas partes, ayudándoles el Señor y confirmando la palabra con

las señales que la seguían. Amén" (San Marcos 16:20). El hecho de que estas señales se realizaron en el nombre de Jesús demostró su aprobación sobre el ministerio de sus seguidores. Hablando de nuestra gran salvación, el autor de la epístola a los Hebreos dice que fue primeramente anunciada por el Señor, y "fue confirmada por los que oyeron, testificando Dios juntamente con ellos, con señales y prodigios y diversos milagros y repartimientos del Espíritu Santo según su voluntad" (Hebreos 2:3,4). ¿No le gustaría que Dios diera testimonio confirmando su ministerio? Esta es la manera en que él lo hace. ¡No puede haber nada más convincente!

(2) **Convencia a la gente.** Los jefes del pueblo judío, sus ancianos y escribas estaban muy perturbados sobre la sanidad del hombre cojo, que por años se había sentado a la puerta del templo mendigando. Tomaron consejo juntos y dijeron: "¿Qué haremos con estos hombres? Porque de cierto, señal manifiesta ha sido hecha por ellos, notoria a todos los que moran en Jerusalén, y no lo podemos negar" (Los Hechos 4:16). Estos hombres no estaban buscando la verdad. Simplemente trataban de perpetuar su religión. Ellos no podían negar los hechos del caso, pero ¡no querían abandonar las creencias tradicionales de sus padres! El milagro de la sanidad del hombre de Listra que había sido cojo desde su nacimiento fue tan convincente que la gente pagana decía: "Dioses bajo la semejanza de hombres han descendido a nosotros" (Los Hechos 14:11).

(3) **Hacia que las multitudes recibieran el evangelio.** Hubo tres señales sobrenaturales el día de Pentecostés. La gente estaba tan convencida por lo que habían visto y oído que Pedro sólo necesitaba dar una explicación de lo que estaba aconteciendo y decirles cómo recibir a Cristo como su Salvador. "Así que, los que recibieron su palabra fueron bautizados; y se añadieron aquel día como tres mil personas" (Los Hechos 2:41). (Nótese: La sanidad no fue la señal sobrenatural que el Señor empleó en este caso. Sin embargo, es válido el principio que fue lo sobrenatural lo que hizo que esta gran multitud aceptara a Jesucristo.)

Después de la sanidad del mendigo cojo, se nos dice: "Pero muchos de los que habían oído la palabra, creyeron; y el número de los varones era como cinco mil" (Los Hechos 4:4). Pastor, ¿le gustaría tener cinco mil hombres en su congregación? Las señales continuaban: "Y por la mano de los apóstoles se hacían muchas señales y prodigios en el pueblo" (Los Hechos 5:12). "Y aun de las ciudades vecinas muchos venían a Jerusalén, trayendo enfermos y atormentados de espíritus inmundos; y todos eran sanados" (versículo 16).

(4) **Hacía que la gente glorificara a Dios.** Cuando el hombre cojo fue sanado, él saltó, alabando a Dios. "Y todo el pueblo le vio andar y alabar a Dios" (Los Hechos 3:9). En Efeso Dios hizo milagros especiales por medio del apóstol Pablo. Algunos judíos que eran **exorcistas ambulantes** trataron de imitar a Pablo y echar fuera demonios. Los demonios pudieron más que ellos y tuvieron que huir "desnudos y heridos. Y esto fue notorio a todos los que habitaban en Efeso, así judíos como griegos; y tuvieron temor todos ellos, y era magnificado el nombre del Señor Jesús" (Los Hechos 19:16,17). Las doctrinas de demonios no glorifican al Señor Jesucristo.

Los dos casos hallados en Los Hechos capítulo 9—la sanidad de Eneas y la resurrección de Dorcas—ya han sido mencionados, pero no olvide los resultados de los dos milagros de sanidad. En el caso de Eneas se nos dice: "Y le vieron todos los que habitaban en Lida y en Sarón, los cuales se convirtieron al Señor" (versículo 35). La resurrección de Dorcas "fue notoria en toda Jope, y muchos creyeron en el Señor" (versículo 42). ¿Quién puede negar que este fruto es bueno?

## RESULTADOS DEL MINISTERIO DE LA SANIDAD EN NUESTROS DIAS

Si el ministerio de sanidad de Cristo y de sus seguidores demostraba la aprobación de Dios, convencía a la gente, y atraía a las multitudes y glorificaba a Dios, entonces debemos esperar los mismos resultados del ministerio de la sanidad de los cristianos sinceros hoy en día. Examinemos algunos de los ejemplos bien verificados tanto de sanidades personales como de campañas evangelísticas donde se ha hecho oración por los enfermos. Naturalmente, tendremos lugar para sólo unos cuantos de los muchísimos casos disponibles, así que tendremos que escoger algunos casos bien documentados o de los cuales tenemos conocimiento personal.

**Wesley R. Steelberg** tenía seis años cuando fue atacado de meningitis de la espina dorsal. Tenía una curvatura triple de la espina dorsal y su cabeza doblada hacia atrás, le tocaba los talones. Una fiebre cerebral y otras complicaciones lo convirtieron en espástico incurable. El médico que le asistía no daba esperanza ninguna de la vida, pero declaró que su cerebro estaría tan consumido por la fiebre que si vivía, sería un imbécil horrible y sin esperanza. Algunas de las personas que fueron a visitarle se enfermaron al verle.

Los Steelberg eran buenos metodistas que vivían en Denver, Colorado. Habían oído decir de la oración por los enfermos, e invitaron a un pastor para venir y orar por su hijo. El pastor llegó, pero se enfermó al ver al niño. El creía que su oración no había logrado nada. Más tarde, montado sobre su bicicleta, regresando de su trabajo, el padre oyó una voz que le decía: "Sometéos, pues, a Dios. Resistid al diablo y huirá de vosotros." El creyó, y llegando a casa, él y su esposa entraron en el cuarto de su hijo y oraron por él. No sentían ningún movimiento, sin embargo el cuerpo se enderezó completamente. El muchacho durmió por veinte horas y se despertó perfectamente sano.

El hermano Steelberg comenzó a predicar cuando tenía 17 años de edad. El pastoreó varias congregaciones grandes, y fue bien conocido como un líder de la juventud cristiana. También llegó a ser un bienamado superintendente general de las Asambleas de Dios. Su biografía **Todo por Jesús (All For Jesus)** da más detalles de su sanidad y de su ministerio tan sobresaliente en la obra del Señor.

**J. P. Wannenmacher** nació en Hungría. Su madre murió de tuberculosis, y su hermana murió de la misma enfermedad a la edad de 14 años. El comenzó a sufrir de tuberculosis ósea. Vivían en un balneario de curaciones, pero los buenos médicos allí no podían ayudarle.

La familia se trasladó a los Estados Unidos cuando él tenía 14 años. Sufrió dos operaciones más, y los médicos le recomendaron la amputación del pie. Se gastaron cientos de dólares por **tratamientos** por los practicantes de la Ciencia Cristiana, pero sin resultado. En desesperación el señor Wannenmacher comenzó a buscar a Dios, pero no sabía cómo hallarle. Se le dijo que había una iglesia donde oraban por los enfermos. En esta iglesia él oyó que Jesucristo es nuestro Salvador y nuestro Sanador. El aceptó las buenas nuevas, fue salvado, e instantáneamente sanado.

El dice: "Para la gloria de Dios, puedo decir que desde aquel entonces, hace ahora 55 años, he tenido el privilegio de estar activo en el servicio del Señor como un mensajero del evangelio glorioso." El hermano Wannenmacher fue pastor de una iglesia grande en Milwaukee, Wisconsin, durante muchos años, y también, como un músico distinguido, él ha bendecido a miles con su música de violín.

Nicky Cruz es un ejemplo que ha recibido mucha publicidad, demostrando, cómo Dios puede librar de la adicción a las drogas y sanar todos los dolores y los odios del hombre interior. Nacido en Puerto Rico de padres que practicaban el espiritismo y la hechicería, él en una ocasión oyó a su madre decir que él no era su hijo sino el hijo de un demonio. El comenzó a odiarla, y también a todo el mundo. En Nueva York él estaba "corriendo frenéticamente por una calle de una sola dirección, hacia la silla eléctrica." El fue el jefe de una banda muy temible, los **Maus Maus**. Se hallaba esclavizado por las drogas y en dificultades constantes con la ley y con su prójimo en general.

Por el ministerio de David Wilkerson él conoció al Señor, fue libertado de su vida antigua, y hecho una nueva criatura en Jesucristo. Se cuenta su historia de una manera muy fascinante en el libro muy aclamado **Corre, Nicky, corre.**[1] La introducción es por Billy Graham, y entonces tiene unos párrafos por el profesor Eduardo D. O'Connor de la Universidad de Notre Dame. El profesor O'Connor dice lo siguiente:

> La historia de Nicky es posiblemente la más dramática en la historia del movimiento Pentecostal, pero no es única. Nicky es solamente un representante vívido de un gran número de gente que en los últimos años han sido libertados del crimen, el alcoholismo, de la adicción a las drogas, prostitución, homosexualidad, y casi toda clase de perversión y degeneración conocida. El cuidado psiquiátrico, tratamientos médicos y consejos espirituales habían fracasado en cuanto a esta gente, cuando con una prontitud asombrosa han sido libertados de sus ataduras, por el poder del Espíritu Santo y conducidos a una vida de servicio útil y a veces de oración profunda.[2]

Los centros y **casas de café** del **Reto a la juventud (Teen Challenge)** que se han establecido por todos los Estados Unidos y en muchas ciudades de Europa, dan amplias pruebas de que Dios puede y efectivamente quita completamente la adicción a las drogas cuando todos los otros esfuerzos fracasan. Muchas veces la víctima es librada instantáneamente sin los dolores que generalmente acompañan la cesación del uso de las drogas. Generalmente le envían después a un centro de rehabilitación de **Reto a la juventud** donde él recibe más instrucción en la fe y en la vida cristiana.

El porcentaje de las curaciones completas de este programa de oración y fe ha hecho que hombres como Art Linkletter y autoridades médicas del servicio militar afirmen que **Reto a la juventud** es más eficaz que cualquier otro programa conocido para la liberación de la gente de las drogas. Puesto que la adicción a las drogas (y los crímenes cometidos por los que están tratando de sostener su hábito, cosa que les puede costar hasta $100 o más por día), es uno de los problemas principales aquí en los Estados Unidos, ciertamente debemos de recibir gustosamente esta resolución por el poder sanador de nuestro Cristo.

**Las campañas de salvación y sanidad** han sido empleadas poderosamente por el Señor para la extensión de su reino en muchas partes del mundo. Ya hemos indicado que algunos han **comercializado** este método y han hecho gran daño a la causa de Cristo. Esto no debe hacernos perder de vista el hecho de que tales campañas son válidas y medios muy eficaces para llevar a cabo la Gran Comisión. Miremos ahora a algunos casos que yo conozco muy bien personalmente.

En enero de 1956, el misionero-evangelista Ricardo Jeffery comenzó una campaña en San Salvador, la capital de El Salvador, América Central. Dios bendijo, la ciudad fue conmovida, ocurrieron muchos milagros de sanidad y comenzó la oposición. Al evangelista se le acusó de practicar la medicina sin permiso, y tuvo que comparecer ante los tribunales. Durante el tiempo que él esperaba, no se le prohibió continuar predicando, y así la campaña que se pensaba originalmente duraría unas tres semanas, ¡duró más bien tres meses y cinco días! Esto dio como resultado una gran bendición, porque había tiempo para dar estabilidad a la obra.

No lo sentenciaron en los tribunales, pero cuando su permiso de tres meses terminó, las autoridades rehusaron renovarlo y tuvo que salir del país. Había veinte y seis autobuses contratados por la gente para acompañar al evangelista y a su familia hasta la frontera guatemalteca donde se hizo un culto de despedida. ¿Cuáles fueron los resultados de esta campaña, y los esfuerzos dedicados de los que seguían la campaña?

En 1956 las Asambleas de Dios tenían una iglesia en San Salvador con 16 miembros, una escuela dominical con 100 que asistían, y no tenían escuelas dominicales sucursales. En 1960 había 20 iglesias en las Asambleas de Dios en la ciudad, 1.200 miembros de sus iglesias, 7.700 personas que asistían a la escuela dominical en la iglesia principal y en las 155 escuelitas dominicales por otras partes de la ciudad. La obra ha seguido creciendo y ampliándose. Esto no hubiera acontecido si no hubiese sido por los milagros sobresalientes (paralíticos sanados, algunos ciegos que recobraron la vista, muchos sordos sanados y varias clases de enfermedad) que atraían a las multitudes, convencían a la gente del poder del evangelio y les hacía buscar a Cristo.

**Holguín, Cuba,** es un ejemplo del gran despertamiento que llegó a muchas ciudades de Cuba de una manera similar en 1950 y 1951. El misionero Jaime Nicholson y yo fuimos los evangelistas en esta campaña. La ciudad nos había ofrecido el libre uso de un parque de la ciudad, aun con todas las luces necesarias. Dos emisoras de radio nos dieron tiempo para programas diarios con oración por los enfermos. Tuvimos un programa radial a las diez de la mañana, y otro al mediodía, un culto evangelístico en el parque a las dos de la tarde y otro a las siete y media de la noche. Las informaciones de campañas similares celebradas en otras ciudades ya habían conmovido a esta comunidad y tuvimos una asistencia la primera noche de unas 9.000 personas.

Acontecieron muchas sanidades y algunos milagros sobresalientes. Había generalmente de 4.000 a 5.000 personas que asistían a los cultos por la tarde (de pie bajo un sol abrasador), y por la noche unas 10.000 a 12.000 personas. Cuando yo pregunté si querían una iglesia en su ciudad donde podían recibir la oración en cualquier tiempo, la gente respondió con entusiasmo. En menos de tres semanas recibimos casi 5.000 dólares para la compra de lo que había sido una fábrica de zapatos. Tenía cabida para unas 700 personas. La campaña terminó un domingo por la noche, y el domingo siguiente podían empezar a celebrar cultos en su propio edificio.

Un año más tarde mi esposa y yo visitamos la iglesia en Holguín. En aquel entonces tenían un promedio de asistencia en su escuela dominical en la iglesia principal de más de 400 personas, y también habían establecido unas 30 escuelas dominicales sucursales. De esta manera estaban alcanzando a más de 2.000 personas todas las semanas con la Palabra de Dios.

Más tarde estas escuelas dominicales se desarrollaron y muchas llegaron a ser puntos de predicación y hasta asambleas establecidas. Mucha de la juventud de esta iglesia de Holguín asistía a la escuela bíblica y llegó a ser pastores y evangelistas.

En varias ciudades importantes de Cuba se pudo establecer una iglesia fuerte como resultado de una sola campaña de evangelismo. Estas congregaciones construyeron sus propios edificios y llegaron a sostenerse completamente. También abrían otras iglesias sucursales en los lugares alrededor de ellas. En cada caso de una campaña sobresaliente, el papel de la sanidad divina fue muy importante. Algunas de las campañas más grandes se celebraron en Santiago de Cuba, Camagüey, Ciego de Avila, Holguín, Banes, Victoria de las Tunas, Guantánamo y Baracoa. En cada una de estas ciudades se pudo establecer una buena iglesia. Me parece a mí que no podemos mejorar el método de Cristo—enseñar, predicar y sanar.

## OTROS FRUTOS

Otros frutos de las campañas de sanidad y salvación fueron muy evidentes. **La circulación de la Palabra de Dios** fue el resultado directo de la interpretación literal y el énfasis tan fuerte que se ponía en la Biblia. Un escrito que apareció en la revista **Récord de la sociedad bíblica** del mes de julio de 1952, escrito por el secretario de la sociedad para Las Antillas, el doctor J. González Molina, llevaba por título **Podríamos haber usado 100.000 Testamentos**. Había una fotografía de una parte de la congregación de unas 20.000 personas que estaban asistiendo a la campaña de Camagüey, y él dijo que se había vendido en esta sola campaña 3.500 Biblias, 10.000 Nuevos Testamentos y 25.000 porciones del evangelio. Se había terminado la existencia completa de libros de la Sociedad Bíblica debido a esta sed extraordinaria de la Palabra de Dios.

El misionero Sterling Stewart de la América Central dijo que en la campaña de San Salvador se vendieron 1.200 Biblias, 4.500 Nuevos Testamentos y 40.000 porciones del evangelio. Hubo resultados similares en la mayor parte de las campañas. Cualquier persona que ame la Biblia, la Palabra de Dios, ¡ciertamente estará de acuerdo que esto es un buen fruto!

**Publicidad para el evangelio** que hubiera costado miles de dólares y con todo no hubiera sido tan eficaz, fue ofrecida gratis por las estaciones de radio y por la prensa, a causa de la naturaleza extraordinaria de los eventos y las multitudes de personas que asistían. De esta manera el poder del evangelio se dio a conocer a decenas de millares de personas que de otra manera no hubieran podido ser alcanzados por el evangelio de Jesucristo.

**Se alcanza a todos los niveles de la sociedad** en esta clase de campañas evangelísticas. Puesto que todo el mundo se interesa por la salud, y puesto que la profesión médica no tiene la respuesta en muchos casos, la gente de todos los niveles de la vida quiere encontrar la sanidad y la salud. No solamente asisten a las campañas, sino muchos hombres y mujeres profesionales reciben la sanidad, se convierten y llegan a ser de gran ayuda en el establecimiento de la iglesia local.

**El sostén propio** de la iglesia local se logra generalmente tan pronto se establece la iglesia, puesto que hay un número de convertidos para comenzar. Esto, por supuesto, quiere decir que no hay gran presión sobre el presupuesto del misionero, y que no hay límite a la posibilidad de extender la obra. **El principio autóctono** (sostén propio, gobierno propio, y propagación propia) fue el método misionero de San Pablo. Debe ser nuestro método también. Con el método de abrir la obra que acabamos de describir, es bien posible hacerlo.

**Las puertas abiertas** para el evangelio son el resultado de esta clase de campaña. Conocemos muchos casos donde el alcalde del pueblo quizás con algunos otros funcionarios municipales, nos traerían o enviarían una petición especial para celebrar una campaña en su pueblo. Me acuerdo de un caso donde recibimos una petición pidiendo una campaña. La petición fue firmada por más de 500 personas. ¡Qué oportunidad más grande! En un país del Africa Occidental se celebró en la capital una campaña muy notable con muchos milagros de sanidad. El presidente del país entonces pidió al evangelista que celebrara una campaña en una segunda ciudad y ¡pagó todos los gastos! Esto aconteció en 1973.

**La evangelización rápida** de una nación entera es posible por este medio que Dios nos ha dado. Puesto que parece ser muy evidente que la venida del Señor está muy cerca, ¡no debemos descuidar el medio que es quizás el más eficaz de todos para llevar el evangelio a toda criatura y así cumplir su último mandato!

*"Dios ungió con el Espíritu Santo y con poder a Jesús de Nazaret... que anduvo... sanando a todos los oprimidos" (Los Hechos 10:38).*

## CAPITULO 19

# EL ESPIRITU SANTO EN LA SANIDAD DIVINA

La necesidad de la sanidad física en el mundo es muy evidente en vista del hecho de que en 1971 el pueblo estadounidense gastó 51.400 millones de dólares en atención médica.[1] En años recientes ha resurgido un gran interés por la sanidad divina. Esto se debe en parte a los muchos testimonios publicados de curaciones milagrosas en respuesta a la oración. Sin embargo, al buscar el poder o el procedimiento que hará efectiva esta sanidad, muchas veces se ignora el papel del Espíritu Santo.

### LA PROMESA DEL ESPIRITU SANTO

Primero, debemos reconocer que Cristo dijo a sus seguidores que sería mejor para ellos que él se fuera para que el Espíritu Santo viniera. El prometió que enviaría al Espíritu y que los discípulos podrían continuar su trabajo aquí en la tierra, haciendo cosas aún más grandes de lo que él había hecho (San Juan 16:7; 14:12). Se les dijo que no debían salir de Jerusalén para predicar hasta recibir el "poder de lo alto" (San Lucas 24:49). La palabra que se traduce **poder** aquí es **dunamis** que implica poderes milagrosos especiales o un milagro. Debían de recibir el poder espiritual, poder sobrenatural, para hacer una obra sobrenatural. ¿Cómo se recibiría este poder? Poco antes de su ascensión, Jesús les dijo a sus seguidores: "Recibiréis poder cuando haya venido sobre vosotros el Espíritu Santo; y me seréis testigos en Jerusalén, en toda Judea, en Samaria, y hasta lo último de la tierra" (Los Hechos 1:8).

El Espíritu prometido descendió en el día de Pentecostés. Los seguidores del Señor recibieron poder sobrenatural y comenzaron su ministerio sobrenatural en el poder del Espíritu Santo.

Es interesante notar que cuando Cristo prometió a sus seguidores enviar "otro Consolador", las palabras empleadas son **allos Parakletos.** Sabemos que **parakletos** significa **uno que se llama a su lado para ayudar o socorrer.** La palabra **allos** es significante porque quiere decir **otro de la misma clase.**[2] Cristo estaba enviando el Espíritu para tomar su lugar. Puesto que el Espíritu fue semejante a él, era de esperarse que él llevara a cabo la misma clase de obra que Cristo hacía. Si el Señor Jesús empleaba más de la mitad de su tiempo ministrando a las necesidades de los enfermos, ciertamente el Espíritu Santo continuaría su obra.

Se nos dice en Los Hechos 10:38 que "Dios ungió con el Espíritu Santo y con poder a Jesús de Nazaret; y cómo este anduvo haciendo bien y sanando a todos los oprimidos por el diablo, porque Dios estaba con él". Esta unción ocurrió al principio del ministerio público de nuestro Señor. El dijo: "El Espíritu del Señor está sobre mí, por cuanto me ha ungido para dar buenas nuevas a los pobres; me ha enviado a sanar a los quebrantados de corazón; a pregonar libertad a los cautivos, y vista a los ciegos; a poner en libertad a los oprimidos" (San Lucas 4:18). La sanidad física mediante el poder del Espíritu Santo fue el resultado importante de la unción que se menciona aquí.

Algunos pueden preguntar: "¿Por qué sería necesario que el Señor Jesús recibiera la unción del Espíritu Santo, puesto que él mismo es divino?" El eminente autor y clérigo inglés, F. B. Meyer, contesta: "Por cuanto su naturaleza humana necesitaba ser revestida del poder del Espíritu, antes de que él mismo pudiera tener éxito en su obra en este mundo. . . . Nunca se olviden que el ministerio de nuestro Señor no fue en el poder de la segunda persona de la bendita Trinidad, mas en el poder de la tercera persona."[3] Parece ser que en su ministerio terrenal, el Señor Jesús no quería emplear un poder que no estaría al alcance de sus seguidores; así que él hizo sus sanidades y milagros por el poder del Espíritu Santo, un poder que está al alcance de los creyentes hoy en día.

Sabemos que Jesucristo ha sido exaltado y ahora está a la diestra del Padre. ¿Cómo sigue su obra sobrenatural de la salvación y la sanidad hoy en día? Leemos en 2 Corintios 3:17,18: "Porque el Señor es el Espíritu, y donde está el Espíritu del Señor, allí hay libertad. Por tanto, nosotros todos, mirando a cara descubierta como en un espejo la gloria del Señor, somos transformados de gloria en gloria por la misma imagen, como por el Espíritu del Señor."

Cristo está aquí ahora obrando en la iglesia y por medio de ella en la persona del Espíritu Santo—el mismo Espíritu Santo que le ungió a él y le dio el poder para hacer las grandes obras que están escritas en los evangelios. Este mismo Espíritu capacitó a Pedro, a Pablo, a Esteban, a Felipe y a otros a hacer grandes milagros. "El Espíritu del Señor" está muy activo hoy y está haciendo la misma clase de obras que él ha hecho siempre.

## EL PODER VIVIFICANTE DEL ESPIRITU

Otro versículo clave sobre la naturaleza de la obra del Espíritu Santo se halla en Romanos 8:11: "Si el Espíritu de aquel que levantó de los muertos a Jesús mora en vosotros, el que levantó de los muertos a Cristo Jesús vivificará también vuestros cuerpos mortales por su Espíritu que mora en vosotros." Otra traducción es ". . . . a causa de su Espíritu que mora en vosotros". A mi parecer, hay demasiados intérpretes y maestros de la Biblia que piensan que este versículo se refiere solamente a la resurrección. Puesto que ellos creen que se refiere a un tiempo futuro, la obra actual del Espíritu Santo—dando más vida a nuestros cuerpos físicos—se ignora, y así se pierde la bendición. Vamos a mirar nuevamente al texto.

**La traducción interlineal y literal del Nuevo Testamento griego** da este pasaje como sigue: "Pero si el Espíritu de aquel que levantó a Jesús de entre los muertos mora en vosotros, el que levantó a Jesucristo de entre los muertos vivificará también vuestros cuerpos mortales a causa de su Espíritu que mora en vosotros."[4] Sabemos que **vivificar** significa **dar nueva vitalidad o dar vida.** Notemos que la referencia corresponde a nuestros cuerpos **mortales,** o físicos. La promesa es que el Espíritu Santo **dará nueva vitalidad, dará vida,** acelerará los procesos vitales en nuestros cuerpos físicos. No cabe duda de que el Espíritu Santo tiene la capacidad de hacer esto. Fue el Espíritu Santo que hizo sombra a la virgen María y le dio vida física a nuestro Señor Jesucristo (San Lucas 1:35). Fue por el poder del Espíritu Santo que Cristo sanaba a los enfermos (Los Hechos 10:38). Y fue el poder del Espíritu Santo que resucitó a nuestro Señor (Romanos 8:11).

Si el poder del Espíritu es suficiente para producir vida al principio y para restaurar la vida a una persona muerta, ciertamente debe ser suficiente como para sanar a un enfermo.

Nótese también que es nuestro **cuerpo mortal** que va a recibir esta nueva vida. Esto es, el cuerpo terrenal, el cuerpo natural que va a ser reemplazado por un cuerpo espiritual en la resurrección. El cuerpo mortal va a ser cambiado, o canjeado, y los creyentes victoriosas en Cristo serán vestidos de inmortalidad. (Véase 1 Corintios 15:40-54.)

## EL ESPIRITU QUE MORA EN LOS CREYENTES

Otra indicación a la aplicación actual de nuestro texto es el hecho de que esta nueva vitalidad, este otorgamiento de más vida, es el resultado del Espíritu que mora dentro del creyente. ¡No podemos creer que el Espíritu Santo esté morando en los cuerpos muertos que están esperando la resurrección! Con el poder vivificador del Espíritu Santo que mora dentro del cristiano, ¿por qué no debe él gozar de la salud física y espiritual radiante y vibrante?

Jesús dijo que el Espíritu le había ungido para el propósito de sanar a los quebrantados de corazón (San Lucas 4:18). Hay mucha tristeza en el mundo hoy en día, y los médicos generalmente pueden hacer poco o nada para ayudar a los individuos que tienen el espíritu quebrantado. La misma tristeza puede producir enfermedad o quitarle a uno la voluntad de vivir que es tan importante para la convalecencia. Jesús es el médico que puede sanar al hombre entero. El comienza por dentro y cambia la tristeza y miseria a "gozo inefable y lleno de gloria". ¿Cómo lo hace él? El ha enviado al Consolador para morar con nosotros para siempre (San Juan 14:16). El nos consuela en nuestras tristezas y dolores. El produce en nosotros los frutos de amor, gozo y paz. No hay ninguna necesidad de que un cristiano lleno del Espíritu sufra de enfermedades psicosomáticas, de la depresión o de neurosis. Tenemos solamente que rendirnos a la voluntad de Dios y permitir al Espíritu Santo la ocupación completa de su templo—nuestros cuerpos.

Fue el poder del Espíritu Santo que obraba por medio del apóstol Pablo que dio tanto éxito a su ministerio. El les escribió a los creyentes en Roma: "Porque no osaría hablar sino de lo que Cristo ha hecho por medio de mí para la obediencia de los gentiles, con la palabra y con las obras, con potencia de señales y prodigios, en el poder del Espíritu de Dios" (Romanos 15:18,19). Poder para vivir para Dios, poder para predicar y poder para sanar a los enfermos, todo está a nuestro alcance por medio del Espíritu Santo.

No se debe creer cosa extraña que el Espíritu Santo tenga poder para hacer milagros y grandes sanidades, porque es el mismo Espíritu que reparte los dones sobrenaturales de la sanidad, de los milagros y de la fe (1 Corintios 12:1-11). No debemos pasar por alto lo que significa este hecho. Prácticamente todos los pastores y evangelistas que han sido usados de Dios de una manera especial orando por los enfermos han sido personas llenas del Espíritu Santo.

El evangelista Jorge Jeffreys de Inglaterra nos dice que Evan Roberts, el hombre que Dios usó tan poderosamente en el gran avivamiento galés, sufrió de debilidad muy severa y de otras aflicciones; pero en el momento que él recibió el Espíritu Santo, todo esto desapareció y no volvió. El nos da su testimonio personal también, diciendo cómo sufrió cuando joven de una parálisis de la cara que empezó a bajar por un lado de su cuerpo. El Espíritu de Dios vino sobre él con tal poder que parecía que su cabeza estuviese conectada a unas baterías eléctricas poderosas. El fue vivificado de la cabeza a los pies por el Espíritu Santo y fue sanado completamente.[5]

El gran ministerio de la sanidad divina y de la predicación del evangelio de Smith Wigglesworth comenzó cuando él fue llenado del Espíritu Santo. Testimonios de esta clase son numerosos. Parece ser muy evidente que los poderes milagrosos que tanto se necesitan para llevar a cabo la tarea que Dios nos ha dado se reciben solamente como resultado de haber sido llenado del Espíritu Santo. Wigglesworth dice: "Hemos estado viendo milagros maravillosos en estos postreros días, y estos son solamente una pequeña muestra de lo que vamos a ver. Yo creo que estamos en los umbrales de cosas maravillosas, pero quiero hacer énfasis de que todas estas cosas serán por medio del poder del Espíritu Santo."⁶

Jesús prometió que señales sobrenaturales seguirían al ministerio de los que creyeran en él (San Marcos 16:17,18). La Biblia nos dice que esto, en efecto, aconteció. "Y ellos, saliendo, predicaron en todas partes, ayudándoles el Señor y confirmando la palabra con las señales que la seguían. Amen" (versículo 20). El mismo pensamiento se puede ver en Hebreos 2:3,4. El versículo cuatro dice: "Testificando Dios juntamente con ellos con señales y prodigios y diversos milagros y repartimientos del Espíritu Santo, según su voluntad." Otros pasajes de las Sagradas Escrituras que ya hemos examinado demuestran que el Espíritu Santo es la fuente del poder milagroso y fehaciente que extendió el evangelio de Cristo a casi todo el mundo conocido en un solo siglo.

Las sanidades por medio del ministerio de los primeros predicadores del evangelio daban gloria a Cristo. Cristo dijo que el Espíritu Santo le glorificaría, y ésta es una de las maneras en que él lo hace. Esteban fue "un varón lleno de fe y del Espíritu Santo" (Los Hechos 6:5), y él "hacía grandes prodigios y señales entre el pueblo" (versículo 8). Nosotros también podemos estar llenos del Espíritu Santo y traer gloria a Cristo mediante las sanidades y milagros que acompañan nuestro ministerio.

Los seguidores del Señor fueron enviados para sanar a los enfermos, cuerpo y alma. Se les dijo de dónde tenía que venir el poder para hacerlo. Ellos esperaron hasta recibir este poder, y su predicación fue acompañada con "las señales que siguen". Si esperamos seguir los métodos bíblicos y conseguir resultados bíblicos, debemos obedecer el mandato bíblico y "continuamente seguir siendo llenados del Espíritu Santo de Dios" (Efesios 5:18). Entonces, cuando hacemos la obra del Señor, podemos esperar confiadamente que el poder del Señor esté presente para sanar (San Lucas 5:17).

¡Que el Espíritu Santo que guía a toda la verdad nos conduzca a una plena revelación de esta gran verdad, que aunque muy descuidada, se necesita en el mundo hoy en día más que nunca!

*"Envió su palabra, y los sanó" (Salmo 107:20).*

## CAPITULO 20

# SANIDAD POR LA PALABRA DE DIOS

Considerando la dinámica de la sanidad divina, hemos estudiado los dones del Espíritu que se relacionan directamente con la sanidad y el papel del Espíritu Santo en la sanidad divina. Ahora, vamos a considerar otro factor muy importante: la Palabra de Dios.

Aunque la Biblia ha sido traducida a más idiomas que nunca y está disfrutando de su mayor circulación parece que relativamente pocas personas comprenden su poder infinito. Según el hombre, así es su palabra. Como Dios, así es su Palabra. Su Palabra es tan digna de confianza como es él mismo. Dudar de su Palabra es dudar de él. Observe bien los hechos siguientes acerca de la Palabra de Dios.

### LA PALABRA DE DIOS ES LA AUTORIDAD MAXIMA

La Palabra de un monarca absoluto o un dictador puede significar la vida o la muerte a sus súbditos. Sin embargo, el poder o la autoridad de su Palabra es limitado por la extensión de su dominio. Nuestro Dios es Rey de reyes y Señor de señores. No hay limitación a su dominio. Todas las cosas fueron creadas por él y para él. Todas las cosas tienen que obedecerle. Jesucristo dijo: "Toda potestad (autoridad) me es dada en el cielo y en la tierra" (San Mateo 28:18). Los que le oyeron en Capernaum "se admiraban de su doctrina, porque su palabra era con autoridad" (San Lucas 4:32). El podía hablar a los vientos y al mar (San Mateo 8:26,27), a los árboles (San Marcos 11:14), a los demonios (San Mateo 8:32; 17:18) y a los enfermos y afligidos, dando la orden para sanidad y salud; y tanto las fuerzas de la naturaleza como los poderes de las tinieblas tenían que obedecer su Palabra. No hay autoridad más elevada. Cuando él ordena una cosa, es final.

## LA PALABRA DE DIOS ES EL PODER MAXIMO

La gente está buscando siempre nuevas y mayores fuentes de poder: poder para producir la energía, poder social y político, poder para persuadir, poder para destruir, poderes psíquicos, etcétera. Sin embargo, en toda su búsqueda, pasa por alto muchas veces, el poder más grande del universo. Observemos el poder de la Palabra de Dios.

## LA PALABRA DE DIOS TIENE PODER PARA CREAR

En la narración de la creación que se halla en el libro de Génesis, hallamos que Dios simplemente dijo: —Sea la luz— y hubo luz. Durante los seis días de la creación, se empleó el mismo método. El sencillamente pronunció la Palabra, y las cosas que dijo acontecían. El salmista nos dice: "Por la palabra de Jehová fueron hechos los cielos, y todo el ejército de ellos por el aliento de su boca . . . porque él dijo, y fue hecho; él mandó, y existió" (Salmo 33:6,9). En Hebreos 11:3 leemos: "Por la fe entendemos haber sido constituido el universo por la Palabra de Dios, de modo que lo que se ve fue hecho de lo que no se veía." Relacionando esto a la sanidad significa que el Dios que ha creado al hombre en primer lugar puede reparar su cuerpo, no importa cual sea la dificultad ¡y aun puede suplir partes nuevas si hace falta hacerlo!

## LA PALABRA DE DIOS TIENE PODER REGENERADOR

El apóstol Pedro dice que somos "renacidos, no de simiente corruptible, sino de incorruptible, por la palabra de Dios, que vive y permanece para siempre" (1 Pedro 1:23). También nos indica que es por medio de las preciosas promesas de la Palabra de Dios que llegamos a ser "participantes de la naturaleza divina" (2 Pedro 1:4). Cuanto más participemos de la naturaleza divina, tanto más seremos libres de los afanes, turbaciones y conflictos interiores que producen la mala salud. Siendo llenos de la naturaleza divina, amaremos al Señor de todo nuestro corazón y a nuestro prójimo como a nosotros mismos. No podemos imaginar a Jesús incapacitado para hacer la obra de su Padre a causa de alguna enfermedad o la mala salud. Tampoco debemos nosotros, que somos hijos de Dios que participamos de su naturaleza, que hacemos su voluntad, vivir impedidos por debilidades físicas. El poder regenerador de la Palabra de Dios puede limpiar y sanar todos los recintos interiores de nuestro ser.

## LA PALABRA DE DIOS TIENE PODER SANADOR

El Salmo 107 habla de gente que ha sido afligida y llevada hasta las puertas de la muerte. Entonces, clama al Señor, y él la libra. Nos dice cómo se efectúa esto en el versículo 20: "Envió su palabra y los sanó, y los libró de su ruina." El centurión romano que vino a Jesús buscando la sanidad para su siervo paralítico reconoció el poder de la Palabra de Jesús. El dijo: "Señor, no soy digno de que entres bajo mi techo; solamente di la palabra, y mi criado sanará" (San Mateo 8:8). Nótese que este oficial creyó en la autoridad de Jesús a tal punto que confiaba que la palabra hablada sería tan potente como la misma presencia física de Cristo. Después de elogiarle altamente por su fe, Cristo habló la palabra, y el criado fue sanado en aquella misma hora. Hay muchos que creen que tendrían fe para ser sanados si pudieran solamente ver a Jesús parado a su lado. Tenemos su Palabra. Esto es todo lo que necesitamos. Repetidas veces, Jesús simplemente habló la palabra y la gente fue sanada y librada de toda clase de enfermedades y debilidades físicas. Hay poder, poder sanador, en la Palabra de Dios.

## LA PALABRA DE DIOS ES DE TODA CONFIANZA

La verdad es una característica sobresaliente de nuestro Dios. Balaam, el profeta, dijo: "Dios no es hombre para que mienta, ni hijo de hombre para que se arrepienta; ¿él dijo y no hará? ¿habló y no lo ejecutará? (Números 23:19). Dios les hizo unas promesas maravillosas a los israelitas cuando él les sacó de su esclavitud de 400 años. ¿Cumplió él las promesas? Miremos al libro de Josué 21:45: "No faltó palabra de todas las buenas promesas que Jehová había hecho a la casa de Israel; todo se cumplió." Al final de la oración de Salomón durante la dedicación del templo, él exclamó: "Bendito sea Jehová, que ha dado paz a su pueblo Israel, conforme a todo lo que él había dicho; ninguna palabra de todas las promesas que expresó por Moisés su siervo ha faltado" (1 Reyes 8:56). Acuérdese: Dios siempre cumple su palabra.

Hay gente que promete algo, luego cambia de parecer y decide no cumplir con lo ofrecido. Dios nos dice: "Yo, Jehová, no cambio; por esto, hijos de Jacob, no habéis sido consumidos" (Malaquías 3:6). Santiago nos dice que en él "no hay mudanza ni sombra de variación" (Santiago 1:17). Dios no cambia de parecer. Se puede confiar en él en todo momento que cumplirá todo lo que ha prometido.

Hay otros que prometen en toda buena fe, y entonces descubren que las circunstancias les imposibilitan cumplir con su promesa. ¡Qué consuelo es saber que con Dios no hay nada imposible! El siempre tiene el poder necesario para cumplir con todo lo que ha ofrecido. Sus promesas son dignas de toda confianza. Entre estas promesas, acuérdese, se halla el pacto y la ordenanza que él hizo con su pueblo para ser su médico divino. (Véase Exodo 15:25,26.)

## LA PALABRA DE DIOS ES ETERNA

Sus promesas no están sujetas a las limitaciones del tiempo. El vive para siempre. Puesto que él es perfecto en sabiduría y conocimiento, él no se equivoca. Sus promesas no tienen que ser revisadas de tiempo en tiempo. El salmista dice: "Para siempre, oh Jehová, permanece tu palabra en los cielos. De generación en generación es tu fidelidad" (Salmo 119:89,90). Jesucristo dijo: "El cielo y la tierra pasarán, pero mis palabras no pasarán" (San Mateo 24:35). Isaías el profeta dice: "Sécase la hierba, marchítase la flor; mas la palabra del Dios nuestro permanece para siempre" (Isaías 40:8). Ciertamente esto nos debe convencer que el que se ha revelado como el Sanador de su pueblo sana todavía hoy en día. El que "envió su palabra y los sanó" en el día del salmista enviará la misma **palabra** y nos sanará hoy. La palabra de Cristo al leproso, "sé limpio", puede aplicarse tanto a nosotros que vivimos en el siglo XX como a aquellos que vivían en el primer siglo.

## JESUCRISTO ES LA PALABRA VIVA

¿Por qué se le llama **Verbo o Palabra**? Una palabra es simplemente un vehículo para transmitir un pensamiento o una idea. Ningún lenguaje, ningún retórico, podría transmitirnos tan elocuentemente la idea del amor de Dios hacia una humanidad perdida como la vida y muerte de su Hijo Unigénito. El es el **Logos** de Dios. El es el Verbo o Palabra que estaba con Dios en el principio de la creación, y por él todas las cosas fueron creadas (San Juan 1:1-3). "En él estaba la vida, y la vida era la luz de los hombres" (San Juan 1:4). El dijo: "Yo soy . . . la vida" (San Juan 14:6 y 11:25). También, él vino para traernos vida y vida más abundante (San Juan 10:10). Si queremos la bendición de la sanidad y salud, debemos buscar al Sanador mismo, la fuente de la vida. A la medida que la vida de Cristo, esa vida que destruye todo lo producido por el maligno, va penetrando toda parte de nuestro ser, la sanidad, salud y felicidad será el resultado inevitable.

## LA PALABRA DE DIOS TIENE VIDA

Aunque esto le parezca una cosa extraña o un poco misteriosa, vamos a examinar la evidencia. En la epístola a los Hebreos leemos: "La palabra de Dios es viva y eficaz, y más cortante que toda espada de dos filos; y penetra hasta partir el alma y el espíritu, las coyunturas y los tuétanos, y discierne los pensamientos y las intenciones del corazón" (Hebreos 4:12). ¿Cómo puede una cosa inanimada hacer esto? Cristo mismo declaró: "Las palabras que yo os he hablado son espíritu y son vida" (San Juan 6:63). Al sumar los resultados del gran avivamiento en Efeso, se nos da el factor clave mediante estas palabras: "Así crecía y prevalecía poderosamente la palabra del Señor" (Los Hechos 19:20).

La Palabra de Dios produce vida. Recibimos nuestra vida espiritual "por la palabra de Dios que vive y permanece para siempre" (1 Pedro 1:23).

La Palabra de Dios sostiene la vida. Jesucristo dijo: "No sólo de pan vivirá el hombre, sino de toda palabra que sale de la boca de Dios" (San Mateo 4:4). San Pedro nos dice: "Desead como niños recién nacidos, la leche espiritual, no adulterada, para que por ella crezcáis para salvación" (1 Pedro 2:2).

La Palabra de Dios protege la vida. Cristo dijo que el ladrón, el enemigo, viene solamente para matar y para destruir. Esto es característico del diablo. ¿Cómo podemos ser protegidos? Utilizando "la espada del Espíritu, que es la palabra de Dios" (Efesios 6:17). Esta es la espada que Jesús empleó en el monte de la tentación. El derrotó a Satanás con "¡Escrito está!" El diablo procurará hacernos dudar que Dios nos sane. ¡Cítele las Escrituras! Dígale, "¡Escrito está!"

La Palabra de Dios inspira la fe. "La fe es por el oír, y el oír por la palabra de Dios" (Romanos 10:17). P. C. Nelson me dijo que cuando él tenía su éxito más grande orando por los enfermos, estaba constantemente leyendo y leyendo de nuevo todos los casos de sanidad en la Biblia, y especialmente los que se nos narran en los evangelios. Esto llegó a ser como una parte de él de tal modo que le parecía la cosa más natural esperar que Dios hiciera milagros cuando él oraba.

No dudamos el poder de la Palabra de Dios hablado por los labios de Jesucristo, pero ¿no tiene la Palabra de Dios también poder sanador cuando es pronunciada por sus seguidores? Es interesante notar que en varias ocasiones no nos dice que había oración o súplica, pero más bien una palabra de autoridad que se le dio al enfermo. En el caso del primer milagro de sanidad después del día de Pentecostés, San Pedro le dijo al hombre cojo: "No tengo plata ni oro; pero lo que tengo, te doy. En el nombre de Jesucristo de Nazaret, levántate y anda" (Los Hechos 3:6). ¿No les había dicho Cristo: "Sanad a los enfermos" (San Mateo 10:8—a los doce; y San Lucas 10:9—a los setenta)? Estaban haciendo simplemente lo que el Señor les había dicho que hicieran.

Aquí parece que la oración fue la preparación espiritual de la persona quien entonces habló la palabra con autoridad. Por ejemplo, en Los Hechos 9:40 encontramos que Pedro se arrodilló y oraba, y entonces volviendo hacia el cuerpo de la muerta Tabita, dijo: "Tabita, levántate", y ella lo hizo. En el mismo capítulo se nos cuenta la historia de Eneas, que había sido paralizado y en cama por ocho años. "Y le dijo Pedro: Eneas, Jesucristo te sana; levántate y haz tu cama. Y en seguida, se levantó" (Los Hechos 9:34). Pablo tenía experiencias similares. En Listra encontró a un hombre que había sido cojo por toda la vida y nunca había caminado. Pablo vio que el hombre tenía fe para ser sanado y simplemente le habló en el poder del Espíritu Santo: "Levántate derecho sobre tus pies, y él saltó y anduvo" (Los Hechos 14:10).

Estos y otros incidentes similares parecen indicar que también hoy en día la Palabra de Dios sobre los labios de cualquier creyente, lleno del Espíritu Santo, traería la misma clase de resultados.

Además de la Palabra de Dios hablada y escrita, hay también la palabra que mora en nosotros. Jesucristo dijo a sus seguidores: "Si permanecéis en. mí y mis palabras permanecen en vosotros, pedid todo lo que queréis y os será hecho" (San Juan 15:7). ¿Cómo puede la Palabra permanecer en uno? Tal como el alimento que cómemos es asimilado y llega a ser una parte de nosotros, así también tenemos que alimentarnos continuamente con la palabra de Dios para nutrirnos espiritualmente. No vivimos tan sólo por el pan. Tenemos que tener alimento para nuestras almas. Para este fin, es bueno tener el hábito de comer con regularidad. Además, no debemos de tragar nuestro alimento apresuradamente, sino meditar, asimilar, hasta que la Palabra llegue a ser una parte de nosotros. "Pedid lo que queréis" ciertamente puede incluir la sanidad para el cuerpo. ¡Que la palabra de Dios permanezca en nosotros poderosamente para que no seamos unos débiles espiritualmente, sino "fuertes en el Señor," listos para hacer batalla con el enemigo y lograr victorias grandes para nuestro Cristo conquistador!

Acuérdese que la Palabra de Dios nos trae la sanidad. "El envió su palabra y los sanó." "Solamente di la palabra, y mi criado sanará." He oído a evangelistas contar de sanidades maravillosas que se han efectuado en los cultos mientras estaban predicando la Palabra sobre la sanidad, antes de comenzar a orar por los enfermos. Esto ha acontecido también en cultos donde yo he estado predicando la Palabra. En los días de las primeras campañas de la sanidad divina, muchos evangelistas insistían en que los que querían la oración por la sanidad asistieran a un número determinado de cultos antes de admitirles en la fila para la oración. Ellos sentían que era muy importante escuchar lo suficiente la Palabra de Dios para recibir fe para la sanidad y fe para retener la sanidad recibida.

## COMO RECIBIR LA SANIDAD POR LA PALABRA

Si queremos recibir la sanidad por medio de la Palabra, hay dos cosas que son necesarias. Primero, tenemos que saber lo que la Palabra ofrece. Es imposible tener fe para el cumplimiento de una promesa si no sabemos en qué consiste la promesa. Para poder reclamar las promesas de la Palabra de Dios, tenemos que saber cuáles son estas promesas. Segundo, tenemos que proceder según la Palabra. El asentimiento mental puede ser inactivo, pero la verdadera fe siempre es activa. Hay poder suficiente en las promesas de Dios, potencialmente, para salvar al mundo entero. Sin embargo, este poder llega a ser eficaz solamente en la medida que el individuo escuche y comprenda las promesas, y entonces las apropia para sí y reclama sus beneficios. De una manera similar, hay poder suficiente en la Palabra de Dios para sanar todas las enfermedades, todas las debilidades humanas, pero este poder llega a ser eficaz solamente en la medida que es comprendido y apropiado. ¡Hay que proceder según la Palabra de Dios!

La Palabra de Dios es como su Dador: viva, inmutable, eterna. Dios honra su Palabra a la par que su nombre (Salmo 138:2). El hará su parte. El dijo a Jeremías: "Yo apresuro mi palabra para ponerla por obra" (Jeremías 1:12). Tenemos que creer la Palabra. La fe es la llave para toda oración contestada, y la Palabra producirá la fe cuando se emplea debidamente. Tenemos que aplicar la Palabra. La Palabra es un agente para limpiar el alma. Cristo dijo: "Ya vosotros estáis limpios por la palabra que os he hablado" (San Juan 15:3). Esta limpieza interior es de suma importancia y puede lograrse solamente mediante la Palabra de Dios. Tenemos que utilizar la Palabra— conocer las promesas y actuar sobre ellas con fe. Tenemos que resistir al enemigo con la Palabra. El huirá de tal resistencia cuando ninguna otra arma le afectará. Finalmente, tenemos que hablar la Palabra de Dios. No hay que estar repitiendo por todas partes lo que el enemigo ha susurrado en su oído. El es mentiroso. Hay que creer lo que Cristo dice, repetir lo que la Palabra de Dios dice acerca de su enfermedad. ¡Acepte la victoria que Dios ha prometido en su Palabra que es inmutable, eterna y de la más completa confianza!

*"En el nombre de Jesucristo de Nazaret, levántate y anda"*
*(Los Hechos 3:6).*

# CAPITULO 21

# SANIDAD POR EL NOMBRE DE DIOS

Un estudio concienzudo del valor y del uso del nombre de Jesús cambiaría sin duda radicalmente el ministerio tanto de clérigos como de laicos hoy en día. En los días de los primeros discípulos de nuestro Señor, **el nombre** fue definitivamente asociado a la sanidad de enfermedades y la liberación de poderes de los demonios. El hecho es que el Señor dijo a sus seguidores que ciertas señales seguirían a **los que creen.** El les dijo: **"En mi nombre** echarán fuera demonios . . . y sobre los enfermos pondrán sus manos y sanarán" (San Marcos 16:17,18). La única prescripción bíblica que tenemos para el creyente enfermo dice: "Llame a los ancianos de la iglesia, y oren por él, ungiéndole con aceite **en el nombre del Señor"** (Santiago 5:14).

## EL SIGNIFICADO DE UN NOMBRE

Vamos a considerar primeramente el significado de un nombre. En los tiempos bíblicos, el nombre indicaba muchas veces la naturaleza o el carácter de la persona. A Jacob, se le dio un nombre que significaba suplantador o engañador, y así era. Dios nos ha revelado algo de su naturaleza y de su obra por sus nombres redentores; así, Jehová-Rapha, el Señor que te sana, llega a ser un título por lo cual sabemos que él tiene interés en nuestro bienestar físico y que él puede hacer algo para ayudarnos. El nombre **Jesús** no fue escogido por José y María, sino fue puesto por el ángel que anunció de antemano su nacimiento. Había una razón para escoger este nombre.

Jesús es la forma griega de la palabra hebrea **Josué,** que quiere decir **salvador.** Jesucristo vino para salvarnos del peor enemigo que jamás haya afligido a la raza humana, del pecado y de sus consecuencias. Las consecuencias del pecado incluyen la enfermedad. Ya hemos notado en el capítulo uno que tanto la palabra hebrea como la griega para **salvación** incluyen las ideas de liberación, seguridad, preservación, sanidad y salud. Por lo tanto, Jesús (Salvador) es nuestro libertador tanto de la enfermedad como también del pecado.

Se puede conseguir un nombre destacado de tres maneras. Uno puede heredarlo, merecerlo o puede ser conferido sobre uno. No hay nombre en la tierra o en el cielo más grande que el nombre de Jesucristo. El escritor de la epístola a los Hebreos nos dice que Cristo es el heredero de todas las cosas, el que ha hecho los mundos y sostiene todas las cosas por la palabra de su potencia; y, comparándole con los ángeles, dice: ". . . hecho tanto superior a los ángeles, cuanto heredó más excelente nombre que ellos" (Hebreos 1:2-4). Cristo también ciertamente mereció tener el nombre más grande de todos los héroes terrenales, por cuanto él llevó una vida perfecta y compró la redención para la raza humana. Además, Dios le ha conferido un nombre que es por encima de todos los nombres. "Por lo cual Dios también le exaltó hasta lo sumo, y le dio un nombre que es sobre todo nombre, para que en el nombre de Jesús se doble toda rodilla de los que están en los cielos, y en la tierra, y debajo de la tierra; y toda lengua confiese que Jesucristo es el Señor, para gloria de Dios Padre" (Filipenses 2:9-11). ¡Todos los seres de tres mundos o dominios tendrán que reconocer la supremacía absoluta de aquel nombre! Angeles, hombres y demonios tienen que inclinarse ante su voluntad. Esto nos da alguna idea de la importancia del uso del nombre de Jesús.

## EL DERECHO DE USAR EL NOMBRE DE CRISTO

¡Uno de los misterios más grandes de la gracia es el hecho de que se nos ha dado el privilegio de usar ese nombre sin igual! ¿Cómo aconteció esto? Primero, hemos nacido en la familia de Dios; y, por lo tanto, tenemos derecho de usar su nombre. Lo **heredamos,** por decirlo así, cuando nacimos del Espíritu, nacimos de nuevo, y fuimos hechos participantes de la naturaleza divina. Por último, el derecho de usar este nombre nos fue conferido por el Señor Jesucristo mismo. No es un derecho que hayamos merecido, sino es de pura gracia.

Una de las declaraciones más asombrosas que el Señor hizo fue: "Si algo pidiereis en mi nombre, yo lo haré" (San Juan 14:41). Esta declaración tiene el valor de un poder legal. Como superintendente de nuestra iglesia en cierto campo misionero, se me concedió el poder general de representar a nuestra iglesia delante las autoridades en cualquier capacidad que la representación legal fuese necesaria. Tenía el derecho de comprar, vender o disponer de propiedad, y hacerme cargo de cualquier otro asunto legal. No se puso limitaciones sobre este poder general. Naturalmente, este derecho legal me fue concedido solamente por cuanto se creyó que no sería utilizado para fines personales, sino solamente en favor de los mejores intereses de aquellos que me habían extendido el privilegio de ser su representante. Ciertamente el Señor quiere que nosotros ejerzamos un cuidado similar con el uso de su nombre.

A un abogado se le preguntó cuál era el valor de un poder general. Respondió que todo dependía de la autoridad que respaldaba al nombre o a la compañía que expidió el poder. ¿Cuánto poder, cuánta autoridad respalda el nombre que nosotros hemos sido autorizados para usar? Jesucristo había tenido un encuentro con el enemigo más grande del hombre, y lo había vencido. Había triunfado sobre la muerte, el infierno y el sepulcro y ya estaba listo para su ascensión victoriosa al cielo cuando él les dijo a sus seguidores: "Toda potestad me es dada en el cielo y en la tierra. Por tanto id. . . . y he aquí yo estoy con vosotros hasta el fin del mundo" (San Mateo 28:18-20). No hay autoridad ni poder que sea más grande que el de Cristo. Son supremos. En cuanto a sus recursos: "Todo fue creado por medio de él, y para él" (Colosenses 1:16). No hay límite a su riqueza, su dominio o su autoridad.

Cuando los que tienen el derecho de usarlo emplean su nombre, es como si el Señor mismo estuviera presentando la petición al Padre. El nos invita a usar su nombre; en realidad él nos urge a hacerlo. El dijo: "De cierto, de cierto os digo, que todo cuanto pidiereis al Padre en mi nombre, os lo dará. Hasta ahora nada habéis pedido en mi nombre; pedid, y recibiréis, para que vuestro gozo sea cumplido" (San Juan 16:23,24).

Jesucristo vino a la tierra en el nombre de su Padre (San Juan 5:43). El hizo sus obras en el nombre del Padre (San Juan

10:25). El buscaba la gloria del nombre de su Padre (San Juan 12:28). El reveló, manifestó, el nombre del Padre a los suyos (San Juan 17:6,26).

El dijo a sus seguidores: "Como me envió el Padre, así también yo os envío" (San Juan 20:21). Su ministerio consistía en enseñar, predicar y sanar (San Mateo 9:35). Nuestro ministerio debe ser igual. El obraba en el nombre de su Padre. El nos ha comisionado a trabajar en su nombre. Como él buscaba la gloria del nombre de su Padre, nosotros debemos buscar la gloria de su nombre.

## LA IGLESIA PRIMITIVA USABA EL NOMBRE DE JESUS

Miremos algunos de los ejemplos del uso del nombre de Jesús por sus seguidores. Cuando Jesucristo envió primero a los doce y después a los setenta a predicar, él les dijo que sanasen a los enfermos y echaran fuera los demonios. ¿Qué resultados obtuvieron? "Volvieron los setenta con gozo diciendo: Señor, aun los demonios se nos sujetan en tu nombre" (San Lucas 10:17). Ya hemos notado que en la gran comisión los que creían debían sanar a los enfermos y echar fuera demonios en el nombre de Jesucristo (San Marcos 16:16-18). Ellos aceptaron el reto, predicaban la Palabra, y el Señor confirmaba la Palabra con señales que seguían (San Marcos 16:20). Esto parece ser el ejemplo que Dios ha dado para que nosotros lo sigamos hoy en día. Dios confirmará su Palabra cuando la palabra sea predicada sobre algún tema. Por regla general donde no se predica que uno debe nacer de nuevo, la gente no nace de nuevo. Donde no se predica la santidad, la gente no la practica. Donde no se predica la sanidad divina, habrán pocos que se sanen. Si queremos ver resultados tenemos que predicar la Palabra de Dios sobre el tema.

El primer milagro después del día de Pentecostés demuestra como los discípulos usaban el nombre de Jesús y los resultados de su uso. La historia de la sanidad del/ hombre cojo en la puerta Hermosa del templo es bien conocida. El hombre fue un mendigo. Tenía más de cuarenta años de edad y nunca había caminado en la vida. Pedro y Juan subieron al templo para orar y vieron al hombre allí pidiendo limosnas. Pedro le dijo: "No tengo plata ni oro, pero lo que tengo te doy; en el nombre de Jesucristo de Nazaret, levántate y anda" (Los Hechos 3:6). El hombre fue sanado instantáneamente, y saltando, caminaba y alababa a Dios. Una multitud se juntó, y Pedro logró la oportunidad para testificar de Jesucristo. Primero, él negó que la sanidad fuera el resultado de algún poder extraordinario, o alguna santidad de parte de ellos mismos (Los Hechos 3:12). Entonces, él les dijo cómo este hombre había sido sanado. Hablando de Jesús, el Príncipe de la vida, él dijo: "Y por la fe en su nombre, a éste, que vosotros veis y conocéis, le ha confirmado su nombre; y la fe que es por él ha dado a éste esta completa sanidad en presencia de todos vosotros" (Los Hechos 3:16).

Una gran multitud de gente creyó y aceptó al Señor. Esto provocó el enojo de los líderes religiosos, quienes los mandaron echar en la cárcel. Cuando les sacaron para su comparición, se les preguntó: "¿Con qué potestad o en qué nombre habéis hecho vosotros esto?" (Los Hechos 4:7). La respuesta de Pedro fue: "Sea notorio a todos vosotros y a todo el pueblo de Israel, que en el nombre de Jesucristo de Nazaret, a quien vosotros crucificasteis, y a quien Dios resucitó de los muertos, por él este hombre está en vuestra presencia sano" (Los Hechos 4:10). Aun más, él siguió para decir: "Y en ningún otro hay salvación: porque no hay otro nombre bajo el cielo dado a los hombres en que podamos ser salvos" (versículo 12). Acuérdese que la salvación incluye la sanidad y la salud.

Los jefes religiosos no podían negar el milagro. ¡Los hechos no se dan por vencidos! No querían que esto continuara, así que les amenazaron severamente que no debían de hablar a nadie ni enseñar más en el nombre de Jesucristo. Al parecer no les importaba la enseñanza de nuevas doctrinas o una religión nueva. Tenían miedo, sin embargo, del uso del poderoso nombre de Jesucristo, que producía milagros. Luego soltaron a los discípulos y ellos se juntaron para un culto de oración. Recordaron al Señor el hecho de que estaban bajo amenazas. Entonces, ¿para qué oraron? ¡Fue una oración muy notable! No pidieron protección para sí o para que el Señor les ayudara a escapar. Ellos dijeron: "Y ahora, Señor, mira sus amenazas, y concede a tus siervos que con todo denuedo hablen tu palabra, mientras extiendes tu mano para que se hagan sanidades y señales y prodigios mediante el nombre de tu santo Hijo Jesús". (Los Hechos 4:29,30).

Note bien que las sanidades sobrenaturales que indicaban la presencia del Señor les animarían y darían valor para continuar en la obra. También, estas maravillas serían hechas **en el nombre de** . . . Jesús. Fueron llenados del Espíritu Santo y hablaron la Palabra de Dios con denuedo. "Y por la mano de los apóstoles se hacían muchas señales y prodigios en el pueblo . . . Y los que creían en el Señor aumentaban más, gran número así de hombres como de mujeres" (Los Hechos 5:12,14). Otra vez los sacerdotes judaicos se enojaron con ellos y, trayéndoles ante los tribunales, les preguntaron: "¿No os mandamos estrictamente que no enseñaseis en ese nombre? Y ahora habéis llenado a Jerusalén de vuestra doctrina" (Los Hechos 5:28). Esta vez mandaron azotarles, y otra vez les mandó que no hablasen más en el nombre de Jesús. Sin embargo, los discípulos "todos los días en el templo y por las casas, no cesaban de enseñar y predicar a Jesucristo" (versículo 42).

Esta narración nos demuestra claramente que el empleo del nombre de Jesucristo fue un factor muy importante en las sanidades milagrosas y otras maravillas que promovieron el crecimiento extraordinario de la iglesia primitiva. Ellos conocieron el valor del nombre. Aun sus enemigos reconocían el valor de aquel nombre. Ellos temían grandemente su utilización, pero no podían impedirlo. ¿Conocemos nosotros hoy en día el valor de aquel nombre? ¿Se está empleando según el ejemplo bíblico de la primera iglesia?

Jesucristo dijo que los creyentes echarían demonios en su nombre. Esto se hizo aun antes de su muerte y resurrección, como ya hemos visto en San Lucas 10. Encontramos otro ejemplo del poder del nombre para echar fuera demonios en el capítulo 16 de los Hechos. Pablo y Silas estaban en Filipos con el propósito de predicar el evangelio. Esta fue la primera entrada misionera a Europa. Estaban seguros que el Señor les había enviado, pero tenían un problema. Una joven poseída por un espíritu de adivinación les seguía por varios días gritando: "Estos hombres son siervos del Dios Altsimo, quienes os anuncian el camino de salvación." Aunque lo que ella decía era la verdad, no se nos dice cómo lo decía. Yo puedo facilmente creer que fue con gran burla, y muy posiblemente seguido de una carcajada sarcástica, burlona, demoníaca. ¡No puedo creer que un demonio estaría tratando de ayudar la causa de Cristo! Pablo se cansó de estos anuncios no solicitados y reconoció la fuente. Entonces él "volvió y dijo al espíritu: Te mando en el nombre de Jesucristo que salgas de ella. Y salió en aquella misma hora" (Los Hechos 16:18). ¡El uso del nombre de Jesús efectuó su liberación del poder de demonios tal como Cristo había dicho! ¡Jesús cumplió su promesa! ¡El siempre lo hace!

## NECESITAMOS ACTUAR EN EL NOMBRE DE JESUS

Nosotros no somos capaces de enfrentarnos con Satanás en nuestra propia fuerza. Los siete hijos de Esceva llegaron a saber esto para su desilusión. Trataron de echar fuera demonios, invocando sobre las personas poseídas el nombre del Señor Jesús, diciendo: "Os conjuro por Jesús, él que predica Pablo." En una ocasión, usaron este método y el demonio les respondió: "A Jesús conozco, y sé quien es Pablo; pero vosotros, ¿quiénes sois? Y el hombre en quien estaba el espíritu malo, saltando sobre ellos y dominándolos, pudo más que ellos, de tal manera que huyeron de aquella casa desnudos y heridos. Y esto fue notorio a todos los que habitaban en Efeso, así judíos como griegos; y tuvieron temor todos ellos, y era magnificado el nombre del Señor Jesús" (Los Hechos 19:13-17).

No todos tienen el derecho de usar este nombre sin igual. Uno debe ser un verdadero creyente y estar caminando en obediencia a su Palabra. Debe ser lleno del Espíritu Santo y buscar sólo la gloria de Dios. Si cumplimos con estas condiciones, no hay límite a las posibilidades para glorificar su nombre y agrandar su reino. ¿No nos dice él: "Y todo lo que pidiereis al Padre en mi nombre yo haré, para que el Padre sea glorificado en el Hijo" (San Juan 14:13)?

En todo el libro de los Salmos se nos exhorta a dar alabanza y cantar al nombre del Señor. El Salmo 96:8 nos dice: "Dad a Jehová la honra debida a su nombre." Esto se puede hacer cuando comprendemos el valor de aquel nombre y lo utilizamos como hacía la primera iglesia. Cuando empezamos a comprender todo lo que está incluido en este nombre maravilloso de Jesús, nos haremos eco del sentimiento del salmista cuando dijo: "En ti confiarán los que conocen tu nombre" (Salmo 9:10).

En los anales de la historia se han inscrito muchos nombres grandes. Pero los nombres de César, Napoleón, Hitler, Mussolini, Stalin y todos los otros ya han perdido su autoridad y poder. La gente ya no tiembla al oír mencionar su nombre. Su poder fue limitado en el tiempo y el espacio. El nombre de Jesucristo es tan poderoso y tiene autoridad hoy como hace XIX siglos. "Jesucristo es el mismo ayer, y hoy, y por los siglos" (Hebreos 13:8). El escritor inspirado del Salmo 135 exclama con admiración: "Oh Jehová, eterno es tu nombre; tu memoria, oh Jehová, de generación en generación" (versículo 13). David expresa su sentimiento de esta manera: "Te exaltaré, mi Dios, mi Rey, y bendeciré tu nombre eternamente y para siempre. Cada día te bendeciré, y alabaré tu nombre eternamente y para siempre" (Salmo 145:1,2).

¡Qué Dios nos ayude a proclamar fielmente el nombre de nuestro incomparable Salvador, Sanador y Libertador, Jesucristo!

*"Si puedes creer, al que cree todo le es posible" (San Marcos 9:23).*

🌹

# CAPITULO 22

# SANIDAD POR LA FE

Esta declaración extraordinaria no fue hecha por algún fanático religioso o por una persona ignorante e irresponsable, sino ¡por el Señor Jesús mismo, el Cristo que tiene todo poder y todo lo sabe! El que dijo "toda potestad me es dada en el cielo y en la tierra" (San Mateo 28:18), dice claramente que todo es posible por medio de la fe. Acuérdese también que él estaba tratando sobre un caso de sanidad física cuando hizo esta declaración tan asombrosa. El muchacho había sufrido durante mucho tiempo de algo que parecía ataques de epilepsia muy graves, causados por poderes demoníacos. Los discípulos trataron de ayudarle y no podían hacerlo. El padre desesperado le dijo a Jesús: ". . . . Si puedes hacer algo, ten misericordia de nosotros, y ayúdanos." Jesucristo dijo en esencia: "No es asunto de mi poder, sino de tu fe." El padre dijo: "Creo; ayuda mi incredulidad, y ¡el hijo fue puesto en libertad!" (San Marcos 9:17-28).

Mediante palabras inspiradas por el Espíritu Santo, Santiago nos dice: "La oración de fe salvará al enfermo, y el Señor lo levantará" (Santiago 5:15). ¿Qué es exactamente la fe, y cuál es su importancia en cuanto a su relación a la sanidad? ¿Cómo puede uno orar esta oración de fe, y conseguir los resultados deseados? ¿Es la fe un poder místico que se concede solamente a unos cuantos privilegiados, o es que cada creyente puede tener fe? Sin duda, los libros que se han escrito sobre la fe llenarían una biblioteca grande. No trataremos de abarcar el tema completo, sino que nos limitaremos principalmente a la fe en Cristo en relación a la sanidad física.

## LO QUE ES LA FE

Algunos piensan que el cristiano común no podrá nunca alcanzar una fe que obre milagros. Piensan que es algún elemento semi-mágico que no se puede definir y que se concede sólo a unas personas selectas. ¿Qué dice la Biblia acerca de la fe?

**La Biblia Amplificada** traduce Hebreos 11:1 como sigue: "Ahora la fe es la seguridad (la confirmación, el título) de las cosas que esperamos, siendo la prueba de cosas que no vemos y la convicción de su realidad—la fe que percibe como hecho verdadero lo que no está revelado a los sentidos." Phillips lo dice así: "Ahora fe quiere decir poner nuestra confianza completa en las cosas que esperamos; quiere decir estar seguros de cosas que no podemos ver."

La fe en Cristo es confianza en Cristo. Es creer que él es lo que dice que es, y que hará lo que dice que hará. La fe es más que un simple asentimiento mental o creencia. Los demonios creen que hay un Dios y tiemblan al pensarlo (Santiago 2:19). La creencia puede ser pasiva. La fe es siempre activa. Una vez escuché decir a un ministro: "La fe es la mano del alma que se extiende hacia Dios y nunca vuelve vacía."

La salvación viene por la fe. Es para "todo aquel que en él cree" (San Juan 3:16). (Véase también San Juan 20:31; Romanos 1:16; 5:1; Efesios 2:8,9; etcétera.) Puesto que la misma palabra **salvación** incluye la idea de sanidad, es lógico pensar que la sanidad física viene por la fe.

## LA IMPORTANCIA DE LA FE EN RELACION A LA SANIDAD

Jesús a menudo recalcaba la relación entre la fe y la sanidad. Cuando la mujer que tenía el flujo de sangre se metió en medio del gentío para tocar el borde de su vestido, Jesús le dijo ". . . Tu fe te ha salvado" (San Mateo 9:22). En el mismo capítulo leemos de dos hombres ciegos que llegaron a Jesús para ser sanados. Les preguntó: "¿Creéis que puedo hacer esto? Ellos dijeron: Sí, Señor." Entonces les tocó los ojos y les dijo: "Conforme a vuestra fe os sea hecho," y fueron sanados. (Véase San Mateo 9:28-30.)

En San Marcos 10:46-52 leemos el caso del ciego Bartimeo, el mendigo. Cuando el Señor pasó por donde él se encontraba, él no le pidió limosna, sino la vista. Jesús le dijo: "Tu fe te ha salvado. Y en seguida recobró la vista y seguía a Jesús en el camino" (versículo 52).

En el caso de los diez leprosos, se le dijo al que volvió para dar gracias y adorar al Señor; "Levántate, vete; tu fe te ha salvado" (San Lucas 17:19).

Cuando la mujer cananea persistía pidiendo la sanidad de su hija, a pesar de que parecía que el Señor le estaba rechazando, él le dijo: "Oh mujer, grande es tu fe; hágase contigo como quieres. Y su hija fue sanada desde aquella hora" (San Mateo 15:28).

En el caso de los diez leprosos, se le dijo al que volvió para dar gracias y adorar al Señor: "Levántate, vete; tu fe te ha salvado" (San Lucas 17:19).

El centurión romano que buscaba sanidad para su siervo demostró una fe tal que el Señor se maravilló y dijo que no había hallado fe tan grande en Israel (donde la Palabra de Dios se conocía y se enseñaba). Entonces dijo al oficial romano: "Vé, y como creíste, te sea hecho. Y su criado fue sanado en aquella misma hora" (San Mateo 8:13).

El pasaje clásico sobre el poder infinito de la fe se halla en San Marcos 11:22-24. "Respondiendo Jesús, les dijo: Tened fe en Dios. Porque de cierto os digo que cualquiera que dijere a este monte: Quítate y échate en el mar, y no dudare en su corazón, sino creyere que será hecho lo que dice, lo que diga le será hecho. Por tanto, os digo que todo lo que pidiereis orando, creed que lo recibiréis, y os vendrá." El alcance sin límite de esta promesa ciertamente incluye la sanidad divina.

El capítulo 11 de la epístola a los Hebreos ha sido llamado la **galería de héroes de la Biblia** porque contiene una lista muy impresionante de los grandes héroes de la fe. Entre otras hazañas mencionadas que se lograron por medio de la fe, hallamos que hasta algunos fueron resucitados de los muertos (versículo 35). ¡Esta es la sanidad física superior a todas!

## ¿LA FE DE QUIEN ES NECESARIA?

Ahora que hemos considerado la importancia de la fe para recibir bendiciones de Dios, y cómo la fe se relaciona directamente con la sanidad física, bien podemos preguntar ¿la fe de quién es necesaria? ¿Debe ser el enfermo quien siempre tiene que tener fe? ¿o es la fe de aquel que ora lo suficiente para el enfermo?

En los casos mencionados hemos visto que el Señor muchas veces le dijo al individuo que buscaba su ayuda: "Tu fe te ha sanado." Otras veces decía: "Según to fe te sea hecho." Este y otros pasajes indicarían que la fe de parte del individuo buscando la sanidad trajo los resultados deseados.

En el caso de la mujer cananea y el del centurión romano, su fe trajo la sanidad de una tercera persona. En ambos casos la persona por quien se pedía la oración no estaba presente, sino a cierta distancia.

En el caso del hombre paralítico que fue llevado a Jesús por cuatro amigos y bajado por el techo por cuanto no podían llegar a Jesús por el gentío que le rodeaba, el perdón y la sanidad vino cuando Jesús vio su fe. (Véase San Marcos 2:1-12.) Los que conocen bien el idioma griego nos dicen que su fe aquí se refiere a la fe tanto del hombre enfermo como a la de sus amigos que le llevaron.

Pablo fijó la vista en el hombre cojo de Listra y percibió que él tenía la fe para ser sanado. ¿El resultado? El mandó que el hombre se pusiera de pie, el cual saltó y anduvo. La gente vio el milagro y quería adorar a Pablo y a Bernabé como dioses. (Véase Los Hechos 14:8-18.)

Estos pasajes todos indican fe de parte de la persona por quien se oró o de aquellos que intercedieron por ellos. Ahora miremos algunos otros casos.

Pedro dijo al hombre cojo a la puerta del templo: "No tengo plata ni oro, pero lo que tengo te doy; en el nombre de Jesucristo de Nazaret, levántate y anda" (Los Hechos 3:6). Esteban fue un hombre "lleno de gracia y de poder", y él hacía grandes señales y milagros (Los Hechos 6:8). Felipe fue usado de Dios en una gran campaña de salvación y sanidad en Samaria (Los Hechos 8:5-8). En Los Hechos 19:11 se nos informa que Dios hizo milagros especiales por las manos de Pablo. Estas citas indican claramente que el Señor da poderes especiales, **dones de sanidades o los dones de la fe** a algunos individuos y que estos dones se emplean para traer la liberación a las multitudes.

La receta que da Santiago para el creyente enfermo es como sigue: "¿Está alguno enfermo entre vosotros? Llame a los ancianos de la iglesia, y oren por él, ungiéndole con aceite en el nombre del Señor. Y la oración de fe salvará al enfermo, y el Señor lo levantará; y si hubiera cometido pecados, le serán perdonados" (Santiago 5:14,15). Esto indica que los ancianos deben poder elevar la **oración de fe** que trae liberación a los enfermos.

Indudablemente Dios utiliza a algunos individuos más que a otros orando por los enfermos. Sin embargo, debemos de llegar a la conclusión de que no importa tanto quién tiene la fe: la persona por quien se ora, el que pide la oración por el enfermo, los ancianos de la iglesia, o el evangelista o ministro. Donde se manifiesta la verdadera fe, ¡Dios contesta la oración! La promesa del Señor, "sobre los enfermos pondrán sus manos, y sanarán" se les dio a "los que creen" (San Marcos 16:17,18). No tiene que ser un predicador del evangelio con credenciales, ni un anciano de la iglesia para creer. Muchas sanidades extraordinarias han ocurrido como resultado de dos o tres creyentes que se han puesto de acuerdo en la oración por la liberación. Jesús ha dicho: "Si dos de vosotros se pusieren de acuerdo en la tierra acerca de cualquiera cosa que pidieren, les será hecho por mi Padre que está en los cielos" (San Mateo 18:19).

## ¿COMO SE CONSIGUE LA FE?

La fe no es sencillamente una destreza que se adquiere, o un arte que se puede dominar por un curso de estudios. La fuente principal de fe es Dios mismo. En San Marcos 11:22, donde el Señor dijo a sus discípulos "tened fe en Dios", él en verdad estaba diciendo: "Tened la fe de Dios." Dios ha dado a cada hombre una "medida de fe" (Romanos 12:3). Sin fe no podemos agradar a Dios (Hebreos 11:6). Debemos ejercitar los ministerios que Dios nos ha dado "a la medida de nuestra fe" (Romanos 12:6). En nuestra carrera terrenal o nuestra lucha, se nos dice que debemos seguir mirando a Jesús "el autor y consumador de la fe" (Hebreos 12:1,2). La fe es uno de los dones del Espíritu (1 Corintios 12), y también un fruto del Espíritu (Gálatas 5:22). Así, el Padre, el Hijo y el Espíritu Santo, todos son fuentes de la fe.

El doctor Carlos Price en su libro **La fe verdadera** da énfasis a la importancia de tener una fe especial que Dios imparte, para ver resultados milagrosos. Uno puede tener una confianza absoluta, la plena seguridad, que éste es el tiempo y el lugar para su milagro personal. Esta seguridad no se basa sobre evidencia exterior o ninguna señal, sino sobre una convicción profunda que Dios ha hablado y que ¡será hecho! Esta es **la fe de Dios**. Dios es la fuente, y él imparte esta fe sin mérito nuestro ninguno.

La fe no se puede producir por nuestra propia iniciativa, pero sí puede ser fortalecida y aumentada por ciertas medidas. Por ejemplo, leemos en Romanos 10:17: "Así que la fe es por el oír, y el oír, por la palabra de Dios." Note que no es sólo la Palabra de Dios, sino el hecho de que Dios habla. Si una persona tiene la seguridad de que Dios le ha hablado, no tiene temor de intentar lo imposible.

Miremos a Elías en el Monte Carmelo (1 Reyes 18:20-40). ¿De dónde consiguió este solitario profeta de Dios el valor para ponerse de pie frente a los 450 profetas de Baal, el rey malvado Acab, y el gentío tan grande de adoradores de ídolos que se había congregado, y proceder con tal confianza creyendo que el fuego iba a bajar del cielo sobre su sacrificio? ¡Ciertamente su vida valdría muy poco si este fuego no caía! El tenía tanta seguridad que hasta se burló de aquellos que confiaban en ídolos mudos. El secreto se halla en su oración en el versículo 36, donde él dice: ". . . Por mandato tuyo he hecho todas estas cosas." Dios había hablado. Elías oyó, y obedeció.

¿Cómo es que Dios habla? El ha usado muchas maneras diferentes en tiempos anteriores, pero ahora habla principalmente por medio de su Hijo, "el Verbo que fue hecho carne", y por medio de la Palabra escrita, la Santa Biblia. La fe se fortalece mientras nos alimentemos continuamente de la Palabra de Dios, divinamente inspirada. No hay substituto para este alimento.

No podemos tener la fe para recibir nada de parte de Dios hasta que sepamos que es lo que él está dispuesto a hacer, lo que él ha prometido. Esta voluntad nos ha sido revelada. Podemos conocer su voluntad mediante su Palabra. Uno de los hombres más grandes de la fe que este mundo ha visto jamás fue Jorge Muller de Bristol, Inglaterra. El dio de comer hasta a 3.000 huérfanos y les cuidaba sin garantía de ningún sostén, solamente confiando en la Palabra de Dios. El creyó que sería pecado para él aun decir a la gente sus necesidades, ¡mucho menos pedirles su ayuda! Dios nunca le falló.

¿Cómo obtuvo él tal fe? El fue un hombre de la Palabra. Jorge Muller leía la Biblia entera con oración y meditación ¡cuatro veces al año! Las miles de respuestas directas a la oración que él logró ver son motivo de asombro y fuente de fortaleza para todos los cristianos hoy en día que las leen. La fe viene por oír la voz del Señor, y el Señor generalmente habla por medio de su Palabra.

Smith Wigglesworth tenía como regla de su vida el no leer ningún otro libro sino la Biblia, y Dios le dio un ministerio muy extraordinario en cuanto a la sanidad por medio de la oración de fe. Usted también puede tener **la fe de Dios.**

Otro medio por lo cual nuestra fe se aumenta es por el ejercicio de la fe que tenemos. Todos conocemos algo de los beneficios del ejercicio físico. Pablo Anderson fue un niño raquítico. Nos dice que solamente las oraciones de su madre le salvaron durante su niñez. Su médico le aconsejó ejercicios para fortalecer su salud. Le gustaron tanto los ejercicios que él desarrolló una fuerza tal que en las Olimpíadas de Australia en 1956, llegó a ser el campeón mundial de levantamiento de pesas, habiendo levantado unos 500 kilos de peso.

Una vez leí que el ex-campeón mundial de peso pesado, Jack Dempsey, desarrolló tal fuerza que él podía, con sólo 15 centímetros de distancia, dar un golpe con el impacto de más de 450 kilos. El ejercicio es de suma importancia al atleta.

De una manera similar, nuestra fe crece por el ejercicio. David mató a un oso y a un león antes de enfrentarse con el gigante Goliat. Si usted pide al Señor la fe, no se sorprenda si él le envía pruebas y crisis. El está dándole oportunidad de ejercitar la fe para que ésta sea fortalecida. Hay que aprovechar la oportunidad de desarrollar su fe, y por medio de este desarrollo ser de mayor utilidad para el Señor. Dios es glorificado cuando llevamos "mucho fruto" (San Juan 15:8).

## DEMOSTRACION DE LA FE

La verdadera fe produce acción. Si usted creyera de veras que el edificio en que se halla estaba en llamas, no habría necesidad de suplicarle que saliera. Si usted cree verdaderamente que Dios le ha sanado, va a dejar de portarse como una persona enferma. Santiago hace la pregunta: "Hermanos míos ¿de qué aprovechará si alguno dice que tiene fe, y no tiene obras? ¿Podrá la fe salvarle?" (Santiago 2:14). Sigue diciendo: "Como el cuerpo sin espíritu está muerto, así también la fe sin obras está muerta" (versículo 26).

La fe de Elías fue demostrada por sus acciones. Lo mismo se puede decir de Moisés en el mar Rojo; Josué en la ribera del Jordán y en Jericó; Noé construyendo el arca; Pedro andando sobre el agua; y cada verdadero héroe de la fe de la Biblia. Recibieron sus órdenes, creyeron, y obedecieron, y el milagro se efectuó.

Una de las demostraciones más grandes de la fe fue la de Abraham. Dios le había prometido un hijo y muchos descendientes; sin embargo, los años pasaban y nada ocurría. ¿Dudó Abraham, o se dio por vencido completamente? Lea Romanos 4:20,21. Nos dice que Abraham "tampoco dudó, por incredulidad, de la promesa de Dios, sino que se fortaleció en fe, dando gloria a Dios, plenamente convencido de que era también poderoso para hacer todo lo que había prometido." ¡Gracias a Dios por un ejemplo tal!

En mi imaginación yo puedo ver a Abraham saliendo de su carpa obscura y bajita, en una noche estrellada, mirando a los cielos y diciendo, "¡Gloria a Dios! ¡Gracias, Señor! Tú me has prometido que mis descendientes serán como las estrellas del cielo por número. ¡Gracias, Señor!" ¿Por qué creo yo esto? Porque la Biblia dice que él fue "fuerte en la fe, **dando gloria a Dios.**" La fe de Abraham honró a Dios, y Dios honró la fe de Abraham. Este mismo principio es válido hoy día. La fe honra a Dios, y Dios honra la fe.

## FE ¿PARA QUE?

La fe de Dios para hacer la voluntad de Dios es lo que urgentemente necesitamos. ¿Por qué deseamos la sanidad? ¿Estamos pensando mayormente en nuestro propio bienestar y conveniencia, o es que en verdad deseamos que Dios sea glorificado? ¿Cree usted que a Dios le interese sanar la mano encogida por artritis de un ratero, para que él pudiera mejor desarrollar su profesión? Muchas de nuestras oraciones son completamente egoístas. Nuestros motivos son de mucha importancia. Acuérdese que Dios no mira el exterior, sino directamente al interior y ve las mismas intenciones de nuestro corazón.

Otra cita de la epístola de Santiago puede ayudarnos aquí: "Codiciáis, y no tenéis; matáis y ardéis de envidia, y no podéis alcanzar; combatís y lucháis, pero no tenéis lo que deseáis, porque no pedís. Pedís, y no recibís, porque pedís mal, para gastar en vuestros deleites" (Santiago 4:2,3). Oremos siempre por las cosas que están de acuerdo con la voluntad de Dios. Entonces podemos estar seguros de recibir la respuesta (1 Juan 5:14).

## ¿LA FE EN QUE?

La fe que necesitamos, la fe que glorifica a Dios, no es fe en algún evangelista o en una iglesia o lugar sagrado. El hecho es que algunos parecen tener fe en su propia fe o en su falta de fe. No podemos por nuestros esfuerzos crear suficiente fe de manera que podamos obligar a Dios a hacer cosa alguna. Necesitamos sólo un poco de fe en un Dios poderosísimo. Necesitamos fe en Dios mismo, en su amor, su misericordia, su compasión, y su fidelidad. Necesitamos fe en sus promesas, en el hecho de que él siempre dice la verdad, y que uno puede confiar completamente en él. Cuanto más uno le conoce, tanto más pondrá su confianza en él. Y esta confianza es fe. El es el Autor de la fe. También es el que perfecciona la fe. Pidámosle, como hicieron sus discípulos, "Señor, auméntanos la fe" (San Lucas 17:5).

## CAPITULO 23

# EL PODER SANADOR DE LA ALABANZA

Mucho se ha dicho y se ha escrito sobre el poder de pensar de una manera positiva. Es verdad que el hombre se verá obstaculizado si tiene continuamente una actitud· negativa y de dudas. También es verdad que una creencia firme en su triunfo final le permitirá resolver muchas crisis y le ayudará grandemente a alcanzar su meta en la vida.

Pocas personas creían que Harry Truman iba a ganar la elección presidencial de los Estados Unidos. El, sin embargo, se mostraba muy confiado del resultado, ¡y ganó! Pero el pensar positivamente de por sí tiene sus límites. La fe que Dios da, la fe bíblica, tiene posibilidades infinitas. Jesucristo dijo: "Si puedes creer, al que cree todo le es posible" (San Marcos 9:23). El pensar positivamente puede ayudar hasta en las enfermedades físicas, pero la fe en Cristo es una fuerza mucho más potente.

La fe y el pesimismo no pueden ir juntos. No se puede tener una fe verdadera y sincera en Jesucristo y ser un pesimista a la vez. Es como la luz y las tinieblas — o bien tiene la una, o la otra. Muchas veces quisiéramos encubrir lo que sentimos de los que nos rodean, pero conscientemente o sin saberlo nuestro verdadero sentimiento sale a la superficie en nuestras palabras o en nuestra manera de expresarnos. Puede ser que podamos persuadirnos a nosotros mismos que tenemos fe verdadera. Sin embargo, nuestra conversación revelará si tenemos o no esa convicción profunda que Dios nos ha oído definitivamente y respondido a nuestras oraciones específicas.

## CONFESAR CON LA BOCA

Cristo dijo: "De la abundancia del corazón habla la boca" (San Mateo 12:34). Si es la época del año cuando se juega al fútbol, no hay necesidad de estar mucho tiempo con un verdadero aficionado del deporte hasta que él se ponga a hablar del fútbol. ¡El está empapado del asunto! Es por eso que Cristo podía decir: "Porque por tus palabras serás justificado, y por tus palabras serás condenado" (San Mateo 12:37).

En vista de estos hechos, es fácil ver por qué es tan importante hablar el lenguaje de la fe, y no el lenguaje del escepticismo, la incredulidad y la duda. Nuestras palabras indican lo que hay en nuestro corazón.

Un pasaje bien conocido de las Sagradas Escrituras dice: "Que si confesares con tu boca que Jesús es el Señor, y creyeres en tu corazón que Dios le levantó de los muertos, serás salvo. Porque con el corazón se cree para justicia, pero con la boca se confiesa para salvación" (Romanos 10:9,10). Debemos de recordar que la **salvación** es para el cuerpo también, y no solamente para el alma. ¿Cómo es que uno se salva? La salvación es por gracia por medio de la fe. No hay otra manera. Una creencia sincera, de corazón, en Jesucristo como el Hijo de Dios, el Salvador del mundo, es esencial para la salvación.

Pero hay otra condición. Tenemos que confesar con nuestra boca. ¿Qué quiere decir esto? El significado de la palabra griega **confesión** parece ser derivado de dos palabras que quieren decir **hablar de acuerdo con otro, decir la misma cosa.** Al confesar a Cristo como nuestro Salvador, estamos diciendo lo que él dice acerca de nuestra salvación. El dice que los que creen en él tendrán la vida eterna. Estamos de acuerdo con esto y damos testimonio al mundo de que tenemos vida eterna. Es una vida nueva, es una vida cambiada, diferente. Llegamos a participar de la naturaleza divina. Cristo es eterno. Su vida no puede tener fin. El nos imparte esa misma vida a nosotros, una vida cuya misma naturaleza es eterna. ¡Gracias a Dios!

La expresión "se confiesa para salvación" indica que la confesión debe venir primero, entonces la posesión. Si confesamos nuestra creencia, nuestra fe en nuestro Redentor, sus promesas, su capacidad para salvarnos, y su obra terminada, entonces llegamos a ser poseedores de la vida que él solo puede dar: vida eterna.

De la misma manera podemos conseguir los beneficios físicos de la salud y la sanidad, que están incluidos en nuestra salvación. Creemos, aceptamos, confesamos, y recibimos. En ambos casos puede ser que no se sienta nada de inmediato. Aceptamos por la fe. Confesamos lo que Dios dice acerca de nuestro pecado o nuestra enfermedad, y recibimos la bendición.

Es en este punto crítico que muchos pierden la bendición que Dios quiere que reciban. Se llevan por la evidencia de sus sentidos más bien que por lo que Dios dice. El diablo procura impedirnos recibir las bendiciones de Dios cada vez que él pueda. ¡El es malo! Alguien ha dicho que si él no fuera malo, ¡no sería un buen diablo! Tan pronto como recibimos la oración, él posiblemente procurará hacer volver los síntomas de nuestra dificultad anterior. Es entonces cuando nuestra confesión es muy importante. Muchos dirán: "Bien, yo creía que estaba sanado, pero parece que no. Yo puedo sentir otra vez aquellos mismos dolores." ¿Qué es lo que pasa? Ellos no están diciendo lo que Dios dice. La Palabra de Dios dice que por la llaga de Jesucristo hemos sido sanados (1 Pedro 2:24).

¿Qué es lo que vamos a creer — la evidencia de nuestros sentidos, o la Palabra eterna de Dios? ¿La voz del enemigo, o la de Jesucristo? El diablo es mentiroso. Siempre lo ha sido, y siempre lo será (San Juan 8:44). Hay un proverbio en español que dice: "En la boca del mentiroso, la verdad se hace dudosa." ¿Creeremos lo que aquel mentiroso Satanás dice en vez de la Palabra de Aquel quien dice: "Yo soy . . . la verdad"?

Cuanto más declaramos nuestras dudas, tanto más fuertes éstas se ponen. Tenemos que adoptar una actitud positiva. Confesar lo que Dios dice, y la fe traerá la realidad.

Después de 20 años de malestar físico, el doctor A. B. Simpson aceptó a Cristo como su Sanador. El halló necesario confesar (decir lo que Dios dijo acerca de su enfermedad) antes de recibir la plena bendición. Aquí están sus palabras:

Dios no me pidió testificar de lo que yo sentía o de experiencias, sino de Jesucristo y su fidelidad. Y estoy seguro que él llama a todos los que confían en él para que testifiquen antes de recibir su plena bendición. Creo que hubiera perdido mi sanidad si hu-

biese esperado hasta sentirla. He conocido a cientos de personas
que han fracasado justamente en este punto.[1]

Su sanidad fue completa, y él podía trabajar cuatro veces
más que antes, y esto aun sin fatiga.

El lenguaje de la fe no expresará dudas, temor o reservas,
sino que se regocijará en la obra terminada de Jesús y en
la anticipación de la victoria prometida. Esta es nuestra confesión. La posesión vendrá.

## VICTORIA POR LA ALABANZA

"Creyendo... os alegráis." Si recibimos una oferta **fide-
digna** de algo bueno, no esperamos hasta recibir la cosa ofrecida para alegrarnos de ella. Nos regocijamos tan pronto recibimos y creemos la oferta.

La alabanza ha sido llamada **el lenguaje de la fe.** Abraham
fue "fuerte en fe, **dando gloria a Dios**" mucho antes de recibir
la bendición prometida. Fue una espera bastante larga, pero
él no vacilaba. El sabía que Dios podía hacer todo lo que
había prometido, así que confiadamente esperaba el tiempo
designado por Dios. Estaba tan confiado que él seguía alabando a Dios por la promesa hasta que ésta llegó a cumplirse
— ¡unos 25 años después de la promesa!

En contraste con esto, tantas veces nosotros desesperamos
si la respuesta no viene dentro de unas horas o unos días. Dios
no está siempre tan apurado como nosotros. ¡Esperemos su
tiempo, alabándole mientras tanto por la victoria prometida
que será nuestra!

Agnes Sanford cree que debemos representarnos en nuestra mente la victoria que deseamos lograr, o la persona con
salud que queremos ser, y entonces dar gracias a Dios por la
realización de nuestra visión. Mientras nos concentremos en
lo que falta, en los síntomas que quedan y nuestra falta de
fe, las dudas aumentarán y la fe se debilitará. Debemos con-
centrarnos sobre cómo vamos a estar cuando la obra quede
completada, y dar gracias a Dios por lo que él ha hecho, está
haciendo y hará. Esto traerá gozo (lo cual en sí es sanador),
fortalecerá nuestra fe y apresurará la victoria completa.

¿Por qué es tan esencial la alabanza por las victorias espirituales y las respuestas a la oración? La Biblia nos dice que Dios
habita en las alabanzas de su pueblo (Salmo 22:3). La alabanza

que viene del corazón puede entonces asegurarnos de la presencia de Dios, y la presencia de Dios nos asegurará la victoria. Vamos a mirar algunas de las victorias que han sido ganadas por la alabanza.

Ya se ha citado el caso de Abraham como uno que alababa a Dios fielmente por años, y entonces recibió el heredero prometido. Cuando Josué guió a los hijos de Israel en su conquista de Canaán, se encontraron frente a la ciudad amurallada de Jericó. Dios les dio sus instrucciones y las siguieron al pie de la letra. No atacaron la ciudad, ni trataron de entrar a ella por engaño. Simplemente marcharon alrededor de la ciudad todos los días. Al fin llegó el día cuando debían de tomar la ciudad. Las murallas estaban tal altas y tan fuertes como al principio, pero se les dijo que debían dar un gran grito de victoria mientras las murallas estaban todavía en pie. Los sacerdotes tocaron las trompetas y el ejército dio el grito de victoria. Las murallas cayeron a plomo y se tomó la ciudad.

Acuérdese que no le importaba a Josué ni lo alto ni lo fuerte de las murallas. Ellos no tenían que derribarlas. ¡Aun no les importaba nada de que no había precedente en toda la historia militar para hacerles creer que las murallas de la ciudad podrían ser derribadas por los gritos y el sonido de la trompeta! Ellos simplemente obedecieron a Dios y dejaron el milagro a él. Sin duda los defensores de la ciudad les hacían burlas y los ridiculizaban, pero ellos guardaron silencio y no gritaron hasta llegar el momento designado. ¿El secreto de su victoria? "Por la fe cayeron los muros de Jericó, después de rodearlos siete días" (Hebreos 11:30). Creer, obedecer y entonces alabar. Esto traerá la victoria.

En 2 Crónicas 20, hallamos la narración de una de las batallas más curiosas que jamás se han librado. Al rey Josafat le dijeron que un gran ejército venía contra él. El llamó a todo el pueblo a la oración y fue al templo para orar. El dijo al Señor: "En nosotros no hay fuerza contra tan grande multitud que viene contra nosotros; no sabemos qué hacer, y a ti volvemos nuestros ojos" (versículo 12). Entonces apareció un profeta y les dijo:

Jehová os dice así: No temáis ni os amedrentéis delante de esta multitud tan grande, porque no es vuestra la guerra, sino de Dios... Paraos, estad quietos, y ved la salvación de Jehová con vosotros... Entonces Josafat se inclinó rostro a tierra, y asimismo

todo Judá y los moradores de Jerusalén se postraron delante de
Jehová, y adoraron a Jehová. Y se levantaron los levitas de los
hijos de Coat y los hijos de Coré, para alabar a Jehová el Dios
de Israel con fuerte y alta voz (versículos 15-19).

Entonces puso a algunos que cantasen y alabasen a Jehová,
vestidos de ornamentos sagrados, mientras salía la gente armada. Les dieron instrucciones para que dijesen: "Glorificad
a Jehová, porque su misericordia es para siempre." ¿Cuál fue
el resultado? "Y cuando comenzaron a entonar cantos de
alabanza, Jehová puso contra los hijos de Amón, de Moab y
del monte de Seir, las emboscadas de ellos mismos que venían
contra Judá, y se mataron los unos a los otros" (versículos
21,22). ¡Una victoria tremenda fue alcanzada por la fe, la
obediencia y la alabanza!

Al procederse a la dedicación del templo de Salomón, todos
los cantores levitas se juntaron vestidos de unos vestidos de
lino fino, teniendo címbalos, salterios, y arpas para usar en
su adoración. Había también 120 sacerdotes que tocaban trompetas. La narración del caso es como sigue:

> Cuando sonaban, pues, las trompetas, y cantaban todos a una,
> para alabar y dar gracias a Jehová, y a medida que alzaban
> la voz con trompetas y címbalos y otros instrumentos de música,
> y alababan a Jehová, diciendo: Porque él es bueno, porque su
> misericordia es para siempre; entonces la casa se llenó de una
> nube, la casa de Jehová. Y no podían los sacerdotes estar allí
> para ministrar, por causa de la nube; porque la gloria de Jehová
> había llenado la casa de Dios (2 Crónicas 5:13,14).

Parece significante que la gloria de Dios bajó y llenó el
templo mientras la gente alababa al Señor. Las bendiciones
más grandes de la iglesia vienen generalmente cuando la gente
pierde de vista sus quejas insignificantes y sus diferencias, y
empieza a alabar al Señor por lo que él es y no simplemente
por las bendiciones que él pueda dar.

El Salmista nos da una descripción de cómo Dios obra
en el Salmo 107:

> Fueron afligidos los insensatos, a causa del camino de su rebe-
> lión y a causa de sus maldades; su alma abominó todo alimento,
> y llegaron hasta las puertas de la muerte. Pero clamaron a Jehová
> en su angustia, y los libró de sus aflicciones. Envió su palabra,
> y los sanó, y los libró de su ruina. Alaben la misericordia de

Jehová, y sus maravillas para con los hijos de los hombres; ofrezcan sacrificios de alabanza, y publiquen sus obras con júbilo (Salmo 107:17-22).

Dios no requiere los sacrificios de animales de parte de su pueblo hoy, pero el sacrificio de alabanzas siempre está en orden.

Al levantar de los muertos a Lázaro, Jesús declaró un principio que es válido aun hoy día. El dijo a Marta: "¿No te he dicho que si crees, verás la gloria de Dios?" (San Juan 11:40). Creer, obedecer y recibir—éste es el orden que Dios ha dado para la realización de lo sobrenatural. Es bueno notar que el Señor dio gracias a Dios por haberle oído antes de mandar a Lázaro salir de la tumba. "Y Jesús, alzando los ojos a lo alto, dijo: Padre, gracias te doy por haberme oído. Yo sabía que siempre me oyes; pero lo dije por causa de la multitud que está alrededor, para que crean que tú me has enviado" (San Juan 11:41,42). Entonces dio el mandato de fe, y Lázaro, que había estado muerto durante cuatro días, salió vivo.

Pablo y Silas estaban en su primer viaje misionero a Europa. Habían sido azotados públicamente y echados en la cárcel por causa de la liberación de una joven endemoniada que decía la suerte. ¿Qué haríamos nosotros en un caso semejante? Parece ser que no había ningunas quejas y no culpaban a Dios por haberles metido en tal situación. "A medianoche, orando Pablo y Silas, cantaban himnos a Dios; y los presos los oían" (Los Hechos 16:25). Dios, quien habita en las alabanzas de su pueblo, oyó sus alabanzas y le agradaron. El envió un terremoto que les libertó de todas sus ligaduras. Esto no fue todo. ¡El carcelero filipense y toda su casa se convirtieron al Señor! Alabando a Dios por todas las circunstancias, puede traer victorias gloriosas y estas victorias a su vez glorificarán a nuestro Señor y Salvador.

Ultimamente unos libros religiosos escritos sobre el tema de la alabanza han hecho ver al mundo cristiano la necesidad de la alabanza y la bendición. Necesitamos urgentemente llegar al lugar donde podemos cumplir con el pasaje de la Escritura que dice: "Dad gracias en todo, porque esta es la voluntad de Dios para con vosotros en Cristo Jesús" (1 Tesalonicenses 5:18). La razón por qué podemos aceptar todas las cosas con gratitud se halla en esta declaración: "Y sabemos que a los que aman a Dios, todas las cosas les ayudan a bien, esto es, a los que conforme a su propósito son llamados" (Romanos 8:28). A mí me parece que ésta es una verdad inspirada que debe ser reclamada y apropiada de la misma manera que nos apropiamos de otras promesas de la Biblia. Cuando el enemigo nos azota con alguna cosa mala o una tragedia, ¡él no quiere que sea para nuestro bien! Podemos, sin embargo, echar mano de las promesas de Dios y él lo volverá para nuestro bien. Si Dios puede hacer que todas las circunstancias y acontecimientos de nuestra vida sean para nuestro bien y para la gloria de él, entonces podemos de corazón darle las gracias por todas las cosas, no importa como nos parezcan por el momento. Confíe en su sabiduría divina, entréguele el asunto, y alábele por el resultado.

Un evangelista contemporáneo que ha tenido unas campañas extraordinarias, dice: "Algunos de los milagros de sanidad más grandes que yo he presenciado jamás, han ocurrido mientras la gente levantaba su voz en alabanza y adoración. El Sanador visitó a sus creyentes que le estaban alabando y les sanó."[2] Las experiencias de muchos otros evangelistas y pastores confirman esta observación. Cuando ponemos nuestros ojos sobre el Autor de nuestra fe, viendo su hermosura, su santidad y su poder, le alabamos, le adoramos, no por lo que él nos da, sino por lo que él es. Entonces él hace cosas grandes. Si queremos la victoria, tenemos que creer sus promesas y alabarle por los resultados anticipados, regocijándonos con "gozo inefable y glorioso".

*"Exhortándoos que contendáis ardientemente por la fe que ha sido una vez dada a los santos" (San Judas 3).*

## CAPITULO 24

# LUCHANDO POR LA FE

Haciendo un resumen de las verdades que hemos considerado en cuanto a la sanidad divina, ¿qué aplicación práctica encontramos para el cristiano de hoy día?

Los que están enfermos hallarán una base bíblica para reclamar los beneficios provistos por la expiación de nuestro todo-suficiente Cristo. No se debe estar perturbado más por dudas constantes en cuanto a si Dios quiere que usted esté sano, o no. Siempre acuérdese que Dios es sobrenatural, y que es fácil, es normal para él hacer lo sobrenatural. El se ha revelado como el Sanador de su pueblo. El sanaba en tiempos del Antiguo Testamento; sanaba en el tiempo de Jesucristo; sanaba en el tiempo de los apóstoles; y sana aún hoy en día. Estudie la Palabra y siga las instrucciones cuidadosamente.

Había problemas en la iglesia de Corinto. Los cristianos allí habían salido de un paganismo absoluto. La ciudad era renombrada por su corrupción moral. Pablo tenía que hacerles saber que el propósito del cuerpo era más que simplemente para darse placer físico. El les escribió: "El cuerpo no es para la fornicación, sino para el Señor, y el Señor para el cuerpo" (1 Corintios 6:13). ¡Gracias a Dios que él es para nuestro cuerpo! El se interesa por nosotros. El puede ayudar, sanar, fortalecer y hacer de nuestros cuerpos templos apropiados para la habitación del Espíritu Santo.

Al mismo tiempo debemos de comprender que nuestro cuerpo es para el Señor, y permitirle a él usarlo para su gloria. Debemos de ofrecerle nuestro cuerpo, no como una ofrenda quemada, sino como un sacrificio vivo para llevar a cabo sus planes, servirle fielmente, y permitirle amar al mundo y hacer sus obras por medio de nosotros. "Porque habéis sido comprados por precio; glorificad, pues, a Dios en vuestro cuerpo y en vuestro espíritu, los cuales son de Dios" (1 Corintios 6:20). Su cuerpo pertenece a Dios y él tiene un propósito en esto. Coopere con el dueño y guarde su cuerpo en buenas condiciones para que él pueda usarlo en cualquier tiempo. ¡Glorifique a Dios en su cuerpo!

El mismo hecho de que nuestro cuerpo ha sido **programado** para la salud y no para la enfermedad, debe ser evidencia suficiente que Dios quiere que estemos sanos. Pablo oró por los tesalonicenses que "todo vuestro ser, espíritu, alma y cuerpo, sea guardado irreprensible para la venida de nuestro Señor Jesucristo" (1 Tesalonicenses 5:23). Los sacrificios del Antiguo Testamento tenían que ser sin defectos. Si nosotros somos **sacrificios vivos,** también debemos de estar **sin defectos,** sanos y saludables. Si vamos a servir al Señor, él prefiere un siervo que esté sano y fuerte.

Como cristianos debemos conocer personalmente la Palabra de Dios sobre esta materia de la sanidad y la salud, no sólo para nuestro propio beneficio, sino para ayudar a otros. El hecho es, que las **señales** prometidas deben seguir a los **creyentes,** no simplemente a los evangelistas o a los ancianos. Esta es una manera importante en la cual podemos ayudar en la extensión del reino de Dios. Muchos se interesarán en la salvación cuando saben que ésta incluye la sanidad del cuerpo como también la sanidad del alma.

Nunca olvide que la verdadera fuente de la sanidad y la salud es la vida de Cristo dentro del cristiano. "Si permanecéis en mí, y mis palabras permanecen en vosotros, pedid todo lo que queréis, y os será hecho" (San Juan 15:7). "Y si el Espíritu de aquel que levantó de los muertos a Jesús mora en vosotros, el que levantó de los muertos a Cristo Jesús vivificará también vuestros cuerpos mortales por su Espíritu que mora en vosotros" (Romanos 8:11). Mientras el mundo está buscando mejores métodos, Dios está buscando hombres mejores. "Porque los ojos de Jehová contemplan toda la tierra, para mostrar su poder a favor de los que tienen corazón perfecto para con él" (2 Crónicas 16:9). A. J. Gordon nos recuerda que "son hombres apostólicos que hacen una edad apostólica, y no simplemente una fecha de Anno Domini."[1]

Tenemos que recordar la importancia del ministerio del Espíritu Santo en las vidas de Jesús y de sus seguidores, pero también considerar con cuidado la plena implicación del mandamiento "sed llenos del Espíritu" (Efesios 5:18). Myer Pearlman escribió: "La posibilidad demostrada de posesión de demonios recalca la posibilidad de ser poseído por el Espíritu Divino."[2] En vez de hablar y pensar tanto sobre el poder de los demonios, debemos de concentrar nuestros pensamientos sobre el ser poseído de Dios y llenos del Espíritu. Podemos entonces hacer que las multitudes vean la gloria y el poder de nuestro Maestro. El ha dicho: "Vosotros sois mis testigos" (Isaías 43:10). Tenemos que declarar su gloria entre las naciones y en todos los pueblos sus maravillas" (Salmo 96:3). Diga con el Salmista: "No moriré, sino que viviré, y contaré las obras de Jehová" (Salmo 118:17). Debemos de dar a conocer sus caminos y su salvación tan inclusiva a todas las naciones (Salmo 67:2). Esta es nuestra tarea y nuestro privilegio. Debemos recibir el poder para esta tarea al ser llenados del Espíritu Santo (Los Hechos 1:8), y valor por medio de las señales y maravillas que acompañarán nuestro testimonio. (Véase Los Hechos 4:29-31.) No dejemos de ser la clase de testigos que él espera que seamos. ¡Procuremos llegar a las expectaciones más altas que Dios tiene para nuestras vidas!

¿Cuál es el propósito de las sanidades y los milagros? Juan, el apóstol, escribió de muchas sanidades y cosas sobrenaturales hechas por el Señor, y dijo que el Señor hacía muchas otras señales que no están escritas. Entonces explicó el propósito que él tenía al escribir de estas maravillas: "Pero éstas se han escrito para que creáis que Jesús es el Cristo, el Hijo de Dios, y para que creyendo, tengáis vida en su nombre" (San Juan 20:31). Si el propósito de los milagros es traer a la gente a Cristo para que puedan así recibir la vida eterna, entonces ¡necesitamos los milagros hoy en día!

"En la historia de Marco Polo escrita por Yule, se nos dice que el Gran Khan creía que el cristianismo era una religión superior a la que él tenía, pero él no podía aceptarla para su gente porque los cristianos no podían hacer nada de orden sobrenatural."[3] ¿Es el Dios nuestro impotente al lado de los dioses paganos? "¿Dónde está Jehová el Dios de Elías?" (2 Reyes 2:14). No tenemos derecho de esperar que la gente crea nuestro mensaje si no lo creemos nosotros lo suficiente como para ver las señales que el Señor prometió que seguirían a los que creen.

> Los milagros genuinos son una revelación especial de la presencia y el poder de Dios. Ellos comprueban su existencia, presencia, su interés y su poder. Son ocasiones en las cuales Dios... demuestra al hombre que él es un Dios vivo, que todavía está sobre el trono del universo, y que es suficiente para todos los problemas del hombre. Si un milagro no crea esta convicción tocante a Dios, entonces probablemente no es un milagro genuino.[4]

No hay respaldo ninguno en las Escrituras para la teoría dispensacional de que **el día de los milagros ya pasó.** El hecho es que parece que hay evidencia que habrá una renovación de manifestaciones sobrenaturales a la medida que nos acerquemos a la época del regreso del Señor. El anticristo, el representante de Satanás, podrá hacer señales y maravillas mentirosas, y de esta manera engañar a mucha gente (2 Tesalonicenses 2:9; San Mateo 24:11). Pero el Espíritu Santo ha de ser derramado sobre toda carne en los postreros días (Joel 2:28). Juzgando por los resultados del derramamiento en el día de Pentecostés y en la Iglesia Primitiva, podemos confiadamente esperar que el Espíritu Santo obre de la misma manera hoy. Muchas señales, maravillas y milagros serán hechos por su poder.

Satanás se opone tenazmente a cualquier cosa que pueda ayudar a la causa de Cristo. Dios utilizó sanidades y milagros grandemente para esparcir el evangelio durante el primer siglo. ¡No es de maravillarse que Satanás se haya opuesto a la doctrina y logrado que tanta gente dude de la validez del evangelio de sanidad para nuestro día!

El hecho de que se desconocía el poder atómico durante tantos siglos no quería decir que tal poder no existía. Simplemente no había sido descubierto todavía. Hay poder sanador en Cristo que millones de personas ignoran hoy día. El hecho de que aún hasta muchos teólogos no han descubierto este poder no prueba de ninguna manera que el poder no existe. Hay prueba abundante que se puede demostrar a los que están buscando la verdad. Estamos rodeados por **una gran nube de testigos.** Estudie la Palabra de Dios sobre el tema. Si la Palabra de Dios enseña que Jesucristo es el mismo ayer, hoy, y por los siglos, ¡vamos a creerlo literalmente! Si la Biblia dice que debemos orar por los enfermos, oremos por los enfermos. Si la Biblia dice que las señales seguirán a los que creen, esperemos que las señales sigan nuestro ministerio.

La Palabra de Dios nos exhorta a que luchemos "ardientemente por la fe que ha sido una vez dada a los santos" (San Judas 3). La palabra fe, que se emplea aquí, quiere decir **la suma de las creencias, enseñanzas o doctrinas cristianas que habían recibido.** La herejía estaba tratando de entrar en la iglesia. Contradecían las doctrinas. Sin duda el enemigo trataba de conseguir que los creyentes dejasen algunas doctrinas, diciéndoles que eso ya no se podía aplicar a su día. San Judas se sintió obligado a escribir y a decirles que guardasen la fe, y retuviesen firmes las verdades que habían recibido.

La fe fue dada **una vez para siempre.** Es cosa que no cambia. Los tiempos cambian, la aplicación de los principios de nuestra fe puede variar, pero es la misma doctrina y no tenemos derecho de cambiarla, agregarle algo, o quitar ninguna parte de ella.

Se nos dice que debemos **contender ardientemente** por esta fe. Esto indica claramente que va a haber una lucha, una batalla tenaz, para guardar la fe, Satanás tratará de destruirla. El hará todo lo que puede para hacernos dejar ciertas porciones de la fe, con la excusa de que esta parte ya no hace falta. ¡No hay que dar lugar al diablo! Resístale con la espada del Espíritu, la Palabra de Dios. Dígale: "Escrito está." Mucha gente no tiene la victoria que Dios quiere darle porque no lucha de veras por sus derechos y privilegios como hijo de Dios. ¡Esta es la guerra! Miles de almas eternas dependen del resultado. Si usted lucha verdaderamente, o no por la fe que atrae a las multitudes y les hace volver a Cristo, puede ser el factor decisivo.

¡Esta no es una lucha para los débiles! Se nos dice: "Fortaleceos en el Señor, y en el poder de su fuerza" (Efesios 6:10). Es su fuerza, su poder, que nos ayudará a ser "más que vencedores" en esta guerra. Dios nos ha dado una armadura completa para nuestra defensa. La espada del Espíritu y la oración en el Espíritu son nuestras armas de agresión. ¡Hagamos una firme determinación de defender esta fe, de guardarla pura, sin diluir, poderosa y efectiva hasta que venga Jesús!

San Pablo era un extraordinario sembrador de iglesias.
¿Cuál era su secreto? El guardaba la fe. El les dijo a los
corintios: "Así que, hermanos, cuando fui a vosotros para
anunciaros el testimonio de Dios, no fui con excelencia de
palabras o de sabiduría... y ni mi palabra ni mi predicación
fue con palabras persuasivas de humana sabiduría, sino con
demostración del Espíritu y de poder" (1 Corintios 2:1,4). La
educación, erudición, elocuencia y una personalidad simpática
pueden conseguir muchos seguidores, pero ¡que Dios ayude a
la iglesia que se edifica sobre cimientos tan débiles!

Pablo fue muy instruido y sin duda capaz de la elocuencia,
pero él quería que los que se convertían bajo su ministerio
tuvieran fe en Dios más bien que en su propia personalidad
o capacidad. El demostraba el poder de Dios por las muchas
sanidades y milagros que ocurrían en su ministerio. Parece
ser que estos milagros ocurrían de tal manera que la gente
sabía que no era necesario que San Pablo estuviera presente
para que tales cosas acontecieran. El, sin duda, enseñaba que
estas señales debían seguir a los que creyesen. Pablo podía
decir al terminar su carrera tan sobresaliente: "He peleado
la buena batalla, he acabado la carrera, he guardado la fe"
(2 Timoteo 4:7). ¡Que podamos nosotros decir igual!

Jesús dijo: "Me es necesario hacer las obras del que me
envió, entre tanto que el día dura; la noche viene cuando nadie
puede trabajar" (San Juan 9:4). Todas las señales parecen indicar que la noche de que se hablaba aquí se acerca rápidamente. Lo que hacemos debemos hacerlo pronto. A Jesús le
preguntaron: "¿Qué debemos hacer para poner en práctica las
obras de Dios? Respondió Jesús y les dijo: Esta es la obra de
Dios, que creáis en el que él ha enviado" (San Juan 6:28,29).
¿No nos ha dicho él que si creemos, veremos la gloria de Dios?
(San Juan 11:40). Las señales seguirán a los que creen.

Jesucristo dijo: "Como me envió el Padre, así también yo
os envío" (San Juan 20:21). Si vamos a tener la misma clase
de ministerio que nuestro Señor tenía sobre la tierra, enseña-
remos, predicaremos y sanaremos a los enfermos (San Mateo 9:35).

No hay que pensar que por cuanto el tiempo del fin se
acerca, no vamos a poder tener grandes movimientos del Espíritu de Dios, avivamientos y milagros sobresalientes. El profeta Daniel nos dice que hasta el mismo tiempo del anticristo

"el pueblo que conoce a su Dios se esforzará y actuará" (o **hará prodigios,** como dice la versión moderna) (Daniel 11:32). Debemos plantarnos firmemente sobre las promesas de Dios y **luchar tenazmente** por la fe.

El Señor todavía nos reta con la promesa: "Clama a mí, y yo te responderé, y te enseñaré cosas grandes y ocultas que tú no conoces" (Jeremías 33:3). Hemos conocido y visto cosas grandes en el pasado. Hemos oído de muchas cosas grandes que no hemos visto personalmente. Pero el Señor todavía tiene cosas nuevas para mostrarnos, ¡cosas grandes, cosas potentes! Aceptemos el reto y clamemos a él.

Carlos H. Spurgeon, un famoso predicador y escritor de tiempos pasados — uno que fue llamado el **Príncipe de los Predicadores,** dijo: "El evangelio es perfecto en todas sus partes, y perfecto en su totalidad; es un crimen quitar de él, es traición alterarlo, y un delito quitarle algo."[5] No seamos culpables nunca de ninguno de estos crímenes.

Pablo les podía decir a los creyentes de Efeso: "...Estoy limpio de la sangre de todos, porque no he rehuido anunciaros todo el consejo de Dios" (Los Hechos 20:26,27).

¡Gracias a Dios por su salvación tan grande — una salvación que suple toda necesidad del cuerpo, alma y espíritu!

# NOTAS

## CAPITULO 1

[1]C. I. Scofield, *Scofield Reference Bible* (New York: Oxford University Press, 1945), p. 1192.

## CAPITULO 3

[1]William R. P. Emerson, M.D., "Health for the Having," *Reader's Digest*, May 1938, pp. 47-50.
[2]S. I. McMillen, M.D., *None of These Diseases* (Old Tappan, N.J.: Fleming H. Revell, Spire Books, 1970), p. 23.
[3]*U. S. News and World Report*, July 29, 1974, p. 43.
[4]McMillen, *op. cit.*, pp. 64,65.

## CAPITULO 4

[1]*Standard Dictionary of the English Language*, International Edition, (New York: Funk and Wagnalls, 1969).
[2]T. J. McCrossan, *Bodily Healing in the Atonement* (Seattle: Por el autor, 1930), pp. 34,35.

## CAPITULO 7

[1]Gerhard Uhlhorn, *Conflict of Christianity With Heathenism* (New York: Charles Scribner's Sons, 1894), p. 169.
[2]A. J. Gordon, *The Ministry of Healing* (Harrisburg, Pa.: Christian Publications), pp. 64,65.
[3]J. Nelson Parr, *Divine Healing* (Springfield, Mo.: Gospel Publishing House, 1955), p. 70.
[4]Gordon, *op. cit.*, p. 59.

## CAPITULO 8

[1]J. Gilchrist Lawson, *Deeper Experiences of Famous Christians* (Anderson, Ind.: Warner Press, 1911), pp. 376,377.
[2]Gordon, *The Ministry of Healing*, p. 59.
[3]A. B. Simpson, *The Gospel of Healing* (Harrisburgh, Pa.: Christian Publications, 1915), pp. 154-174.
[4]Gordon F. Atter, *The Third Force* (Petersborough, Ont.: The College Press, 1965), p. 20.

CAPITULO 9

[1]E. S. Williams, *Systematic Theology*, Vol. III (Springfield, Mo.: Gospel Publishing House, 1953), p. 67.
[2]R. E. McAlister, *The Manifestations of the Spirit* (Toronto: Full Gospel Publishing House, n.d.), pp. 2,3.
[3]Dennis and Rita Bennett, *The Holy Spirit and You* (Plainfield, N.J.: Logos International), 1971, p. 79.
[4]*The Reader's Digest Great Encyclopedic Dictionary* (Pleasantville, N.Y.: Reader's Digest Association, 1967), p. 864.
[5]Louis Berkhof, *Systematic Theology* (Grand Rapids: Wm. B. Eerdman's Publishing Co., 1972), p. 177.
[6]Harold Horton, *The Gifts of the Spirit* (London: F. J. Lamb Northcote Printing Works, 1934), pp. 111,112. (Edición Norteamericana, Gospel Publishing House.)
[7]A. J. Gordon, *Ministry of the Spirit* (Old Tappan, N.J.: Fleming H. Revell Co., 1894), p. 108.
[8]C. M. Ward, *To Another the Working of Miracles* (Springfield, Mo.: Revivaltime, Assemblies of God, 1969), p. 3.

CAPITULO 10

[1]Karl Menninger, M.D., *Whatever Became of Sin?* (New York: Hawthorn Books, Inc., 1974), p. 141.
[2]*World Almanac and Book of Facts* (New York: Newspaper Enterprise Association, Inc., 1974), p. 1030.
[3]McMillen, *None of These Diseases*, pp. 24,25.
[4]*Ibid.*, p. 35.
[5]Gilbert Cant, "Your Aching Back," *Reader's Digest*, June 1974, p. 218.
[6]McMillen, *op. cit.*, p. 5.

CAPITULO 11

[1]F. F. Bosworth, *Christ the Healer* (Miami Beach: Por el autor, 1948), p. 54.
[2]A. B. Simpson, *The Lord for the Body* (Harrisburg, Pa.: Christian Publications, 1959), p. 14.
[3]Thomas Holdcroft, *Divine Healing, A Comparative Study* (Springfield, Mo.: Gospel Publishing House, 1967), p. 36.

CAPITULO 12

[1]J. Robertson McQuilken, (Columbia, S.C.: Carta circular, 1 de Mayo, 1973).

CAPITULO 14

[1]Merril F. Unger, *Biblical Demonology* (Wheaton: Scripture Press Publications, Inc., 1973), p. 61.
[2]John L. Nevius, *Demon Possession* (Grand Rapids: Kregel Publications, reimpreso de la edición de 1894).
[3]*Demon Experiences in Many Lands* (Chicago: Moody Press, 1960).
[4]Lester Sumrall, *The True Story of Clarita Villanueva* (South Bend, Ind.: Publicado por el autor, 1955).

CAPITULO 15

[1]David Womack, *Breaking the Stained Glass Barrier* (New York: Harper and Row, 1973), p. 65.
[2]Louie W. Stokes, *The Pentecostal Movement in Argentina* (Buenos Aires: Publicado por el autor), p. 24.

CAPITULO 16

1Gordon, *Ministry of Healing*, p. 120.
2Parr, *Divine Healing*, p. 35.
3Francis MacNutt, O.P., *Healing* (Notre Dame: Ave Maria Press, 1974), p. 9.
4Stanley M. Horton, *Into All Truth* (Springfield, Mo.: Gospel Publishing House, 1955), pp. 72,73.

CAPITULO 17

1*World Almanac*, 1975, p. 88.
2William Standish Reed, "Developments in Christian Healing," *Christianity Today*, January 30, 1961, p. 13.
3Simpson, *Gospel of Healing*, p. 183.

CAPITULO 18

1Nicky Cruz and Jamie Buckingham, *Run Baby Run* (Plainfield, N.J.: Logos International, 1969).
2*Ibid.*, p. 13.

CAPITULO 19

1*Reader's Digest Almanac and Year Book* (Pleasantville, N.Y.: Reader's Digest Association, 1973), p. 860.
2John Lancaster, *Paraclete* (Springfield, Mo.: Assemblies of God, Vol. 5, No. 2, Spring 1971), p. 3.
3Gordon, *Ministry of the Spirit*, p. 82.
4George Ricker Berry, *The Interlinear Literal Translation of the Greek New Testament* (Chicago: Handy Book Co., 1897), p. 417.
5George Jeffreys, *Healing Rays* (London: Elim Publishing Co., Ltd., 1935), pp. 55-57.
6Smith Wigglesworth, *Ever Increasing Faith* (Springfield, Mo.: Gospel Publishing House, rev. 1972), p. 151.

CAPITULO 23

1Simpson, *The Gospel of Healing*, p. 166.
2William Caldwell, *Meet the Healer* (Tulsa: Miracle Moments Evangelistic Association, 1965), p. 81.

CAPITULO 24

1Gordon, Ministry of Healing, p. 75.
2Myer Pearlman, *Knowing the Doctrines of the Bible* (Springfield, Mo.: Gospel Publishing House, 1937), p. 94.
3Charles J. E. Kingston, *Fulness of Power* (London: Victory Press, 1939), p. 8.
4Henry C. Thiessen, *Lectures in Systematic Theology* (Grand Rapids: Wm. B. Eerdmans Publishing Co., 1973), p. 36.
5C. H. Spurgeon, The Treasury of David (Grand Rapids: Zondervan Publishing House, 1973), Vol. 1a, p. 272.

www.ingramcontent.com/pod-product-compliance
Lightning Source LLC
LaVergne TN
LVHW011225080426
835509LV00005B/333